Elke Carson

Maine Coon

Fotos: Monika Wegler

Zeichnungen: Robert Fischer

2 I N H A L T

MAINE COON

- Wird groß und schwer, wiegt zwischen 5 und 9 kg.

- Spätentwickler.

- Anhänglich, aber nicht aufdringlich.

- Ausgeglichen, gesellig, kinderfreundlich.

- Verspielt bis ins hohe Alter.

- Hat eine leise »Piepsstimme«.

- Führt gurrende Gespräche mit ihrem Menschen.

- Benutzt oft die Pfoten zum Fressen und Trinken.

- Pflegeleicht, trotz des halblangen Fells.

Die Maine Coon ist eine der größten Rassekatzen überhaupt. Die männlichen Vertreter können bis zu 9 kg, die Weibchen 5 bis 6 kg schwer werden. Für ihre volle körperliche Entwicklung braucht diese Rasse etwa vier Jahre. Im Zusammenleben sind sie verschmuste, unaufdringliche Gesellen, die majestätisch ihre Distanz wahren und trotzdem immer die Nähe ihres Menschen suchen.

Junge Maine Coon treiben gerne Schabernack. Sie lieben das Spiel mit dem feuchten Element, »fangen« unermüdlich die Tropfen aus dem Wasserhahn oder plantschen in ihrem Wassernapf. Socken und T-Shirts zerren sie breitbeinig durchs ganze Haus, um sie in den hintersten Winkeln zu verstecken. Mit unerschütterlichem Vertrauen gehen sie durchs Leben und glauben, daß die Welt sich nur um sie dreht.

ENTSCHEIDUNGSHILFEN

1 Bedenken Sie, daß Sie 15 Jahre und mehr die Verantwortung für Ihre Maine Coon übernehmen.

2 Sie müssen mit monatlichen Kosten von etwa 50,– € rechnen (Futter, Streu, Tierarzt).

3 Katzen hinterlassen Spuren. Haare auf der Couch und auf Kleidern, Kratzer an Möbeln, Streu und Futterreste auf dem Boden.

4 Haben Sie täglich Zeit für Schmuse- und Spielstunden? Auch die regelmäßige Fellpflege gehört dazu.

5 Sie brauchen Geduld und Zeit für die Eingewöhnung, Erziehung und auch für eventuelle Krankheiten.

6 Kennen Sie eine zuverlässige Person, die Ihren Vierbeiner während Ihrer Abwesenheit (Urlaub, Krankenhausaufenthalt) liebevoll betreut?

7 Ihr Zuhause muß katzengerecht gestaltet und gesichert sein.

8 Um Streitigkeiten mit Ihrem Vermieter zu vermeiden, sollten Sie vor der Anschaffung Rücksprache halten.

9 Bei einem späteren Umzug sind Sie als Katzenhalter wahrscheinlich länger auf Wohnungssuche.

10 Ist niemand in der Familie allergisch gegen Tierhaare? (→ Wichtige Hinweise, Seite 63).

Einzeln oder zu zweit?

Die Maine Coon ist ein sehr geselliges Tier. Langeweile und Einsamkeit sind ihr zutiefst verhaßt. Wenn Sie den ganzen Tag außer Haus sind, sollten Sie sich deshalb die Anschaffung von zwei Katzen überlegen. Ob die beiden miteinander harmonieren werden, entscheidet allein ihr Charakter. Dabei ist es unwichtig, ob sie jung oder alt sind, männlich oder weiblich, von gleicher Rasse oder nicht. Bei Wurfgeschwistern ungleichen Geschlechts sollten Sie nur daran denken, sie vor der Geschlechtsreife kastrieren zu lassen.

Auch der tägliche Arbeitsaufwand nimmt bei zwei Katzen so gut wie nicht zu, und ebenso leidet die Beziehung zum Menschen nicht unter der kätzischen Zweisamkeit.

Selbstverständlich wird sich eine Maine·Coon auch als »Single« bei Ihnen wohl fühlen, vorausgesetzt, Sie können ihr täglich genug Schmuseeinheiten und Spielzeit schenken. Denn Langeweile macht erfinderisch, Ihre Maine Coon wird sich dann ihre Beschäftigung selbst suchen und die Wohnung eventuell etwas umgestalten.

ANSCHAFFUNG UND EINGEWÖHNUNG

Zu Recht wird die Maine Coon von den Amerikanern »The Gentle Giant«, sanfter Riese, genannt. Sie ist eine große, imposante Katze. Beeindruckend sind der muskulöse Körperbau und die wildkatzenähnliche Erscheinung.

Wissenswertes über die Herkunft

Die Maine Coon stammt aus dem US-Bundesstaat Maine im Nordosten Amerikas. Woher sie ihren Beinamen »Coon« hat, ist bis heute nicht geklärt. Daß sie eine Mischung aus Katze und Waschbär (englisch: racoon) ist, wie manche glauben mögen, kann nicht sein, da dies biologisch nicht möglich ist.

Über ihre Herkunft existieren viele Legenden, zum Beispiel die von einem englischen Handelskapitän namens Coon, der Katzen über alles liebte. Wo immer er an Land ging, folgten ihm seine Langhaarkatzen, die sich mit einheimischen Katzen verpaarten. Die daraus entstandenen langhaarigen Babys nannten die Einwohner von Maine schmunzelnd »Coons Katzen«.

Die wahrscheinlichste, wenn auch nicht die romantischste Erklärung ihrer Entstehung ist die der natürlichen Selektion. Im rauhen Klima von Maine haben eben nur sehr robuste Tiere eine Überlebenschance.

Die vielen Geschichten, die man sich zur Entstehung der Maine Coon erzählte, faszinierten die Einwohner so sehr, daß der Gouverneur von Maine sie im April 1985 als offizielle Nationalkatze in die Staatsbücher eintragen ließ.

Seit etwa 1850 ist die Maine Coon in der heutigen Form genetisch nachgewiesen und 1861 wurde sie zum ersten Mal als eigenständige Rasse in Büchern erwähnt. Stolz präsentierten die Farmer in Maine ihre »Coon Cats« oder »Shags« (Zottelkatzen) auf dortigen Bauernmärkten. 1895, auf einer der ersten großen Katzenausstellungen in New York, gewann eine Maine Coon-Dame namens »Cosie« den begehrten Preis der »Best in Show«.

Leider ging der Trend unter den Katzenbesitzern immer mehr zu anderen Rassekatzen, denn eine Bauernkatze war nicht chic genug für moderne Wohnzimmer. Und so kam es, daß um 1911 sogar behauptet wurde, die Maine Coon sei ausgestorben. Erst der 1953 von Katzenfreunden in Maine gegründete »Central Maine Cat Club« verhalf dieser Rasse zu einer neuen Popularität, die bis heute stetig anwächst.

Anerkennung bei den amerikanischen Katzenvereinen fand sie erst 1973. Der bis heute größte Katzenverband CFA (Cat Fanciers Association)

Diese Maine Coon genießt die letzten Sonnenstrahlen in ihrem Freigehege (Kätzin, Black Spotted Tabby).

erkannte sie sogar erst 1976 offiziell als Rassekatze an.

Mrs. Ethelyn Whittemore aus Augusta in Maine wird gern als »Mutter der Maine Coon« bezeichnet, da sie der Führung von Stammbäumen viel Zeit widmete und die am weitesten zurückreichenden aufweisen konnte.

1968 gründeten amerikanische Maine Coon-Züchter eine eigene Interessengemeinschaft, die »MCBFA« (Maine Coon Breeder and Fanciers Association), die sich bis heute um die Natürlichkeit und Reinerhaltung dieser Rasse bemüht. Auch in Deutschland ist die Maine Coon inzwischen sehr beliebt geworden und wird seit etwa 20 Jahren gezüchtet.

Kleiner Rassesteckbrief

<u>Gesamteindruck:</u> Großformatig, kräftig und robust.

<u>Körper:</u> Langgestreckt, rechteckige Form. Starker Knochenbau, harte Muskulatur, breiter Brustkorb.

<u>Größe:</u> Mittelgroß bis groß.

<u>Kopf:</u> Mittelgroß, kantiger Kopfumriß. Profil mit sanfter konkaver Neigung

der Nasenlinie, nur ein leichter »Stop« (Knick im Nasenrücken) ist erlaubt. Stirn sanft gebogen. Wangenknochen hoch angesetzt.

<u>Gesicht und Schnauze:</u> Von mittlerer Länge. Kantiger Umriß der Schnauze, deutlich fühlbarer Übergang zwischen Schnauze und Wangenknochen.

<u>Kinn:</u> Fest und kräftig, in senkrechter Linie mit Nase und Oberlippe stehend.

<u>Ohren:</u> Groß, breit am Ansatz, mäßig spitz zulaufend, Luchspinsel wünschenswert. Haarbüschel in den Ohren ragen über äußeren Ohrenrand hinaus. Die Ohren sind hoch am Kopf plaziert, mit leichter Außenneigung. Der Abstand sollte ungefähr eine Ohrenbreite betragen, wird aber bei älteren Tieren größer.

<u>Augen:</u> Groß, weit auseinander stehend, leicht oval. Eine klare Augenfarbe ist erwünscht.

<u>Nacken:</u> Bei Katern stark muskulös.

<u>Beine, Pfoten:</u> Kräftige, mittellange Beine auf großen, runden Pfoten, die mit Haarbüscheln zwischen den Zehen versehen sind.

<u>Schwanz:</u> So lang wie der Körper vom Schwanzansatz bis zu den Schultern. Breit am Ansatz, zum Ende spitz zulaufend. Volle, lange, wehende Schwanzbehaarung.

<u>Fell:</u> Dichtes, halblanges Deckhaar, mit mäßigem Unterfell. Kurz an Kopf, Schultern und Beinen, entlang dem Rücken und den Seiten allmählich länger werdend. Hinterbeine tragen lange, volle Pluderhosen.

<u>Textur:</u> Seidig. Die weiche Unterwolle wird von grobem, glattem Deckhaar bedeckt.

<u>Farben:</u> Alle Farben sind zugelassen (außer Pointzeichnung, Chocolate, Cinnamon, Lilac und Fawn). Die Augenfarbe ist unabhängig von der Fellfarbe.

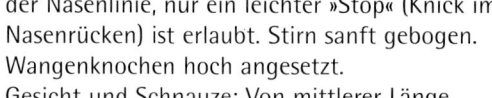

Die Maine Coon: eine große, kräftige, natürlich gebliebene Rassekatze.

Farbvarianten der Maine Coon

Die Tabbyzeichnung (agouti)

Sie repräsentiert die »Wildform« der Katzen-
färbung und ist eine sehr gute Tarnfarbe.
Agouti ist die Bezeichnung für die Wildfarbe
des Fells. Jedes einzelne Haar ist mehrfach
hell/dunkel gebändert. Bei »non-agouti« ist
das Haar einfarbig durchgefärbt.

Es gibt verschiedene Tabbymuster,
zum Beispiel:

✔ Mackerel Tabby
(Tigerstreifung):
schmale, vertikale
Streifen, die sich
gleichmäßig um
den Körper legen.
Die Streifen an den
Beinen sind schmal
und eng gesetzt.

✔ Classic Tabby
(Räderzeichnung):
im Schulterbereich
wie ein Schmetter-
ling, an den Seiten
Kreise. Die Streifen
an den Beinen sind
breiter und weiter
gesetzt.

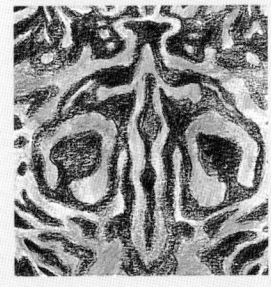

Die Tabbyfarben

✔ Black Tabby: gelblich oder grau mit
schwarzer Zeichnung.
✔ Blue Tabby: hellbeige mit blauer Zeichnung.
✔ Red Tabby: cremefarben mit roter Zeichnung.

✔ Creme Tabby: beige mit cremefarbener
Zeichnung.
✔ Torbie oder Tortie Tabby: zweifarbig (rot/
schwarz). Die schwarzen Felder sind im Gegensatz zur Schildpatt gemustert. Diese Katzen sind immer weiblich, da die Farbe Rot
geschlechtsgebunden vererbt wird.
✔ Blue Torbie: Blaucremefarbig mit Zeichnung in den blauen Feldern.

Einfarbige Maine Coon

Sie gibt es in den Farben Schwarz, Blau, Rot,
Creme und Weiß.

Zweifarbige Maine Coon

Der Weißanteil (Weißscheckung) ist unter-
schiedlich ausgedehnt. Er kann sich auf weiße Pfoten und Bauch beschränken, oder die
Katze ist fast völlig weiß, und nur wenige
Partien sind farbig.
Die Tortie oder Schildpatt ist zweifarbig rot/
schwarz bzw. blau/creme und weiblich.

Silbervarianten

Bei allen Silberfarben ist das erste Viertel jedes einzelnen Haares ab der Haarwurzel weiß,
der Rest ist farbig »getippt«, am bekanntesten
sind die schwarz getippten Katzen (Black Silver Tabby). Sie haben eine starke Färbung in
den Streifen, dazwischen sind sie weiß.
Das Fell der Black Smoke hingegen ist bis auf
die weiße Haarwurzel einfarbig schwarz pig-
mentiert. Die getippten Maine Coon gibt es
natürlich auch in Blau, Rot und Schildpatt.

(Nichterlaubte Farben: → Seite 10)

IM PORTRÄT:
MAINE COON

Die Farbpalette der Maine Coon ist genauso vielfältig wie die der Hauskatze.
Die Bezeichnungen der verschiedenen Farben und Musterungen finden Sie auf der Seite 11 erklärt.

Foto oben: Maine Coon, Kater, 6 Jahre, Black, »Cozy Farm Mefisto«.

Foto unten: Maine Coon, Kater, Creme Tabby, 2 ³/₄ Jahre, »Cozy Farm Gipsy«.

Foto oben: Maine Coon, Kätzin, Black Torbie mit Weiß, 1 Jahr, »Cozy Farm Pandora«.

Foto oben: Maine Coon, Kätzin, 4 Jahre, Black Mackerel Tabby, »Guldfakse Carrabasset«.

Foto links: Maine Coon, Kater, 13 Monate, Black Classic Tabby, »Crazy Coon Company's Sky Guard«.

Foto oben: Maine Coon, Kater, 4 Jahre, Blue Classic Tabby, »Tara's Yankee Doodle Dandy«.

Foto unten: Maine Coon, Kätzin, 13 Monate, Black Classic Tabby, »Abnaki's Spooky«.

Foto oben: Maine Coon, Kater, 1 ¹/₂ Jahre, Black Silver Classic, »Blue Blaze Highlander«.

Foto links: Maine Coon, Kätzin, 1 Jahr, Black Spotted Tabby, »Cozy Farm Cream Crackers«.

Wo bekomme ich eine Maine Coon?

Die Anschaffung einer Maine Coon muß gut durchdacht sein. Kaufen Sie eine Rassekatze auf gar keinen Fall bei einem Händler, den meist nur das Geld und nicht das Tier interessiert! Man nimmt sie auch nicht einfach von einer Katzenausstellung mit, mag es auch noch so bequem erscheinen. Viele Tiere sitzen dort auf engem Raum zusammen, und Streß setzt das Immunsystem herab. Außerdem weiß kein Aussteller, wie gesund die Tiere seines Ausstellungsnachbarn sind.

Der einzig richtige Weg ist, einen Züchter zu besuchen und sich dort in aller Ruhe die Lebensumstände der Tiere anzusehen. Adressen von Maine-Coon-Züchtern finden Sie in den Anzeigenteilen von Katzen- und Haustierzeitschriften (→ Zeitschriften, Seite 62). Auch Katzenzuchtvereine (→ Adressen, Seite 62) und Ihr Zoofachhändler geben Ihnen gerne Anschriften von seriösen Züchtern.

Der richtige Züchter

Wenn Sie einen Züchter besuchen, achten Sie auf folgende Dinge:

✔ Können sich die Tiere frei bewegen, oder werden sie in Käfigen gehalten? Käfighaltung ist für die Katzenpsyche auf Dauer schädlich.

✔ Ein Züchter mit nur wenigen Katzen ist nicht unbedingt seriöser als einer mit mehreren Zuchttieren.

✔ Fragen Sie, wie oft die Kätzinnen einen Wurf großziehen. Von Vereinen ist vorgeschrieben, nicht mehr als dreimal in zwei Jahren. Außerdem darf mit einer Katze erst im Alter von einem Jahr gezüchtet werden.

✔ Prüfen Sie vor dem Kauf den Stammbaum (→ rechts) und den Impfausweis/Testbescheinigung. Sind sie ordnungsgemäß und vollständig ausgefüllt?

✔ Eine Maine Coon kostet zwischen 500,- und 850,- €, wobei ein hoher Preis allein noch nichts über die Seriosität eines Züchters aussagt. Bei extrem günstigen Angeboten sollten Sie sicherstellen, daß Sie nicht an einen bloßen »Vermehrer« oder Händler geraten sind.

✔ Mit der Suche nach der möglichst »Billigsten« fördern Sie die Massenzucht und laufen Gefahr, ein nicht vollständig geimpftes, zu junges (unter 12 Wochen) oder gar krankes Jungtier zu erhalten.

✔ Schließen Sie auf jeden Fall einen schriftlichen Kaufvertrag ab. Darin sollte das Tier genau beschrieben (Alter, Rasse, Geschlecht, Farbe), die Stammbaumnummer aufgeführt und der Kaufpreis genannt sein. Besondere Vereinbarungen, wie zum Beispiel ein Rückgaberecht, falls sich die Katze mit schon vorhandenen Haustieren nicht verträgt, schriftlich niederlegen!

So sieht ein gesundes Jungtier aus

✔ Das Kätzchen ist munter und verspielt, in seiner gewohnten Umgebung anhänglich und nicht ängstlich.

✔ Die Augen sind klar und sauber.

✔ Die Nase ist sauber und nicht verklebt.

✔ Die Ohren sind sauber. Häufiges Schütteln und Kratzen deutet auf Ohrmilben oder eine Entzündung hin.

✔ Das Kätzchen hat »saubere Hosen«. Ein beschmiertes Hinterteil deutet auf Durchfall hin.

Katze oder Kater?

Wesensunterschiede, die vom Geschlecht abhängig sind, spielen kaum eine Rolle. Ob

TIP

Den Stammbaum prüfen!

Achten Sie auf die Ahnen Ihrer Auserwählten, die im Stammbaum aufgeführt sind. Lassen Sie sich den Wirrwarr von Namen und Nummern vom Züchter genau erklären. Warum sind einige Namen doppelt, dreifach oder gar vierfach zu lesen? Zu enge Linienzucht (Inzucht) über Jahre hinweg zwingt selbst den robustesten Naturburschen in die Knie. Extrem wilder Typ und zentimeterlange Luchspinsel entschuldigen nicht für angeborene Defekte, die den frühen Tod des Tieres nach sich ziehen können! Eine gewisse Linienzucht ist zwar nötig, aber extreme Inzucht muß nicht sein. Denn es gibt sie auch heute noch, die Naturburschen aus den Wäldern Maines. Einige Züchter sind inzwischen bemüht, mit diesen »Foundation«-Maine Coon und vergessenen alten Linien den Genpool wieder zu erweitern. Schließlich soll die Maine Coon weiterhin eine robuste und langlebige Katze bleiben.

ein Tier sanft, zugänglich, scheu oder wild ist, hängt allein von seiner individuellen Persönlichkeit ab.

Jung oder alt?

Ein Jungtier ist dann zu empfehlen, wenn Sie Ihrem Neuling viel Zeit und Zuwendung widmen können oder wenn Sie schon eine Katze besitzen. Die Alteingesessene wird sich an ein

Faul herumliegen und sich wohlig räkeln macht zu zweit noch mehr Spaß.

junges Kätzchen leichter gewöhnen, es hat sozusagen noch Narrenfreiheit. Wichtig ist nur, daß Sie das kleine Kätzchen nicht bevorzugt behandeln (→ Zwei Katzen aneinander gewöhnen, Seite 19).

Eine ausgewachsene Katze ist ratsam, wenn Sie kleine Kinder haben. Die Katze wird sich bei Überbeanspruchung durch die Kleinen in einen stillen Winkel verziehen, was jungen Kätzchen nicht so einfach gelingt, da sie ihre Grenzen noch nicht richtig einschätzen können und sich schnell überfordern. Eine ältere Katze ist auch dann ratsam, wenn Sie beruflich stark engagiert sind, wobei in diesem Fall die Anschaffung von zwei Stubentigern besser wäre (→ Entscheidungshilfen, Seite 7).

Türen und Schubladen auf- und zumachen, für neugierige Kätzchen kein Problem.

Die richtige Ausstattung

Katzenklo: Als Katzenklo eignet sich eine Plastikwanne mit einem etwa 15 cm hohen Rand. Da aber die Geruchsbelästigung und der unschöne Anblick eines offenen Klos störend sein können, empfehle ich ein Katzenklo mit Dach, das außerdem das Hinausscharren der Streu verhindert (Mindestgröße: 50 x 40 x 40 cm).

Katzenstreu: Sehr gut ist die im Zoofachhandel erhältliche klumpende Bio-Streu, die mit dem Kompostmüll entsorgt werden kann.

Vorsicht: Bitte die Streu nicht in die Toilette werfen – Verstopfungsgefahr!

<u>Schaufel:</u> Spezielle Schaufeln zum täglichen Entfernen der Exkremente aus dem Katzenklo erhalten Sie im Zoofachhandel. Ich persönlich benutze lieber einen gewöhnlichen Schaumlöffel aus der Haushaltswarenabteilung. Er hat ebenfalls Löcher, ist stabil und hygienisch zu reinigen. Außerdem erleichtert der längere Griff die Handhabung.

<u>Transportkorb:</u> Am besten eignet sich ein Kennel aus Plastik (→ Zeichnung, Seite 19). Ein Weidenkorb wäre nicht stabil genug für eine ausgewachsene Maine Coon. Da sie eine stattliche Größe erreicht, sollten Sie gleich die größere Ausgabe kaufen (Mindestmaße: 50 x 38 x 38 cm).

<u>Futter- und Trinknäpfe:</u> Bereits vorhandene, standfeste Schalen oder Teller, die leicht zu reinigen sind, können prima als Futter- und Trinkgefäße dienen. Auch der Zoofachhandel bietet eine große Auswahl an Näpfen an.

<u>Schlafplatz:</u> Ob Körbchen oder Karton – wichtig ist, daß der Schlafplatz mit einem waschbaren Kissen oder einer Decke ausgepolstert wird.

<u>Kratzbaum:</u> Im Fachhandel werden Kratzbäume jeder Art und Preislage angeboten. Sie sollten auf jeden Fall stabil sein und eventuell mit einem Balkenschuh an der Decke oder mit Winkeleisen an der Wand gesichert werden. Sie können auch Kratzbretter an die Wand montieren, die so hoch sein sollten, daß sich eine Maine Coon beim Kratzen stehend strecken kann.

<u>Pflegeutensilien:</u> Für Fellpflege brauchen Sie einen Metallkamm mit groben Zähnen, eine Bürste mit gebogenen Drahtborsten und eventuell ein Trennmesser (Handarbeitsgeschäft); außerdem eine Krallenschere.

<u>Spielzeug:</u> Beliebtes Katzen-Spielzeug in jeder erdenklichen Variation hält der Zoofachhandel bereit (→ PRAXIS Beschäftigung, Seiten 50/51).

Checkliste
Ausstattung

1 Katzenklo, am besten wählen Sie eines mit Dach.

2 Geruchsbindende, klumpende, kompostierbare Katzenstreu.

3 Schaufel zum Entfernen der Exkremente.

4 Je einen Napf für Trockenfutter, Feuchtfutter und Wasser.

5 Transportbehälter zum Verschließen.

6 Schlafkorb mit einem Kissen oder einer Decke.

7 Kratzbaum oder Kratzbrett, wenn möglich beides.

8 Metallkamm, Drahtbürste, eventuell auch Trennmesser und Krallenschere.

9 Spielzeug (Fellmäuse, Bällchen, Katzenangeln und vieles mehr).

Es ist soweit ...

Um Ihr neues Familienmitglied nach Hause zu holen, fahren Sie am besten mit dem Auto, vor allem bei längeren Fahrten. Sichern Sie den Transportbehälter während der Fahrt mit dem Gurt, indem Sie diesen durch den Tragegriff ziehen. Von Vorteil ist, wenn Sie eine zweite Person mitnehmen, die während der Fahrt nach dem Kätzchen sehen kann.

Zu Hause angekommen, stellen Sie den Transportbehälter in den Raum, wo Sie das Katzenklo deponiert haben. Öffnen Sie die Tür und zeigen Sie dem Kätzchen als erstes unter gutem Zureden seine Toilette. Wenn es nicht gleich herauskommt, sollten Sie es auf keinen Fall herauszerren. Warten Sie, bis es den Behälter von alleine verläßt. Dann braucht es

Zeit, sich umzusehen und alles zu beschnuppern. Sie können das Kätzchen dabei begleiten, sollten es aber nicht unnötig herumtragen. Falls Sie ein großes Haus haben, halten Sie am besten zunächst ein paar Türen geschlossen, damit es sich nicht gleich verläuft. Bestimmt hat es nach einer Weile auch Hunger. Aber selbst wenn es vor lauter Aufregung noch nichts frißt, wird es sich den Platz seines Futternapfes merken.

Schlafplatz

Polstern Sie ein Körbchen oder einen Karton mit einem Kissen weich aus und legen Sie ein waschbares Tuch oder Handtuch darüber. Ob Ihre Maine Coon dann auch in selbigem schlafen will, steht auf einem anderen Blatt. Nicht selten sucht sie sich selbst ein kuscheliges Plätzchen in der Wohnung. Vielleicht bevorzugt sie ein ganz bestimmtes Sofakissen oder irgendeinen Platz, auf den Sie ganz bestimmt nicht gekommen wären ... Wenn Sie sie trotz allem von ihrem extra bereiteten Katzenkörbchen

Stubenreinheit

Da Hauskatzen mit vier bis fünf Wochen bereits stubenrein sind – die Katzenmama hat es ihnen beigebracht –, müssen Sie nur sicherstellen, daß Ihr Kätzchen genau weiß, wo sein Katzenklo, steht und darauf achten, daß es jederzeit Zugang hat (→ Katzenklo, Seite 16).

Ein Katzenklo mit Dach verhindert, daß Streu hinausgescharrt wird.

überzeugen möchten, können Sie sie ein paar Tage lang beobachten und den Schlafkorb dann an ihrem Lieblingsplatz aufstellen – in der Hoffnung, daß sie ihn jetzt annimmt.

Kaum eine Katze kann einem weich ausgepolsterten Schlafkörbchen widerstehen.

*Die Decke gibt den Geruch der alten Katze
an die neue ab.*

Eine Decke zum Riechen

Wenn Sie das Kätzchen beim Züchter abholen,
empfiehlt es sich, eine Decke mitzunehmen, die
Sie dort während Ihres Aufenthaltes auf den Boden legen. Die anwesenden Katzen werden sie als
Ruheplatz benutzen und dabei ihren Geruch ab-
geben. So hat Ihr Katzenbaby in seiner neuen
Umgebung etwas, das nach »Zu Hause« riecht.
Falls Sie schon eine Katze haben, gehen Sie an-
ders vor: Legen Sie eine Decke, die von Ihrer Katze benutzt wurde, in den Transportkorb und reiben Sie das neue Kätzchen damit ab. So vermischt
sich der Geruch von beiden, und Ihr »Mitbringsel«
riecht nicht mehr ganz so fremd.

Zwei Katzen aneinander gewöhnen

Katze und Kätzchen: Sollte bereits eine andere
Katze bei Ihnen leben, wählen Sie einen Raum
aus, in dem sich die Alteingesessene nicht
gerade bevorzugt aufhält, und sperren Sie sie
zunächst aus. In diesen Raum stellen Sie dann
für die neue Katze das Katzenklo, Wasser- und
Futternapf. Bewegt sie sich nach mehreren
Stunden oder Tagen sicher ohne Angst in diesem Zimmer, können Sie die Tür öffnen, damit
sie den Rest des Hauses und die andere Katze
kennenlernen kann. Die erste Katzenbegegnung
wird kaum ohne Fauchen abgehen, aber Kat-
zenbabys werden meist schnell akzeptiert.
Zwei ausgewachsene Katzen: Sie brauchen etwas länger, um sich aneinander
zu gewöhnen. Hier ist es wichtig, daß
beide Katzen das gleiche Maß an Aufmerksamkeit und Schmuseeinheiten
erhalten. Nur langsam werden Sie
Fortschritte in der Annäherung der
beiden beobachten können. In selte-
nen Fällen wird die Alteingesessene
ihr Revier aggressiv verteidigen.
Dann dürfen Sie die Tiere nur unter

Aufsicht zusammen lassen. Falls es möglich ist,
ersetzen Sie eine Zimmertür durch eine Gitter-
tür, dann können sich die beiden sehen und be-
riechen, aber nicht bekämpfen. Nach einer ge-
wissen Zeit werden sie sich dulden und das Revier neu aufteilen. Bis sie dicke Freunde werden, kann es Wochen oder sogar Monate dau-
ern. Ihre Geduld zahlt sich aber aus, spätestens
wenn sich die beiden das erste Mal zum Schlafen aneinanderkuscheln.

*Vorsichtig, aber schon
neugierig trauen sich die
Kätzchen aus ihrer sicheren Behausung.*

DER RICHTIGE UMGANG IM ALLTAG

Mit ihrem unkomplizierten und geselligen Wesen paßt sich die Maine Coon schnell dem Tagesablauf ihrer Menschenfamilie an. Wenn auch Sie den Bedürfnissen Ihrer Katze ein wenig entgegenkommen, steht einem harmonischen Zusammenleben nichts im Wege.

Die ersten Tage im neuen Heim sollten Sie möglichst streßfrei für die Katze gestalten – kein lauter Kindergeburtstag, keine Party. Neugierige Besucher müssen sich noch ein paar Tage gedulden. In der Regel wird sich eine Maine Coon schnell Ihrem Tagesablauf anpassen und bald ganz selbstverständlich zur Familie gehören. Erscheint Ihnen aber irgend etwas im Verhalten Ihrer Maine Coon merkwürdig, verweigert sie zum Beispiel über längere Zeit das Fressen, scheuen Sie sich nicht, den Züchter anzurufen, er hat bestimmt einen Tip oder eine Erklärung dafür.

Wichtige Tips für die ersten Tage

Damit die erste Zeit daheim für Sie und Ihr Kätzchen problemlos verläuft und Sie sich schnell aneinander gewöhnen, einige Verhaltensregeln, die Sie beachten sollten:

✔ Katzenklo, Schlafplatz und Futternäpfe sollten in verschiedenen Ecken oder Räumen stehen, sonst lehnt die Katze deren Benutzung ab.

✔ Die tägliche, mehrmalige Entfernung der Exkremente ist notwendig, denn unsaubere Toiletten benutzen Katzen oft nicht mehr. Einmal in der Woche muß das Katzenklo mit heißem Wasser gereinigt und neu mit Streu gefüllt werden.

✔ Beim Füttern ist die beste Gelegenheit, das Vertrauen einer Katze zu gewinnen, denn Liebe geht bekanntlich durch den Magen. Rufen Sie ihren Namen, wenn Sie den Napf auf den Boden stellen.

✔ Lassen Sie das Kätzchen immer auf sich zukommen, setzen Sie sich auf den Boden, und wecken Sie sein Interesse mit einem Gegenstand oder Spielzeug.

✔ Respektieren Sie den Schlaf und die Meditationsstunden Ihrer Katze. Werden Katzen ständig beim Schlafen gestört, schadet das auf Dauer ihrer Gesundheit.

✔ Wenn Sie nicht wollen, daß Ihr Vierbeiner mit im Bett schläft, müssen Sie vom ersten Tag an die Schlafzimmertüre geschlossen halten. Einmal daran gewöhnt, wird eine Katze diesen begehrten Schlafplatz nur ungern wieder aufgeben. Falls das Kätzchen vor Ihrer Schlafzimmertüre herzzerreißend weint, fühlt es sich einsam und ruft nach seiner Katzenfamilie. Normalerweise hört es damit nach ein paar Minuten wieder auf.

Ist das eine Liebe! Man kann den Kater beinahe schnurren hören.

Die katzengerechte Wohnung

Katzen durchstreifen täglich ihr Revier, und je abwechslungsreicher und interessanter die Wohnung gestaltet ist, um so wohler wird sich Ihre Katze fühlen. Mit ein paar kleinen Ergänzungen können Sie Ihr Zuhause in ein Katzenparadies verwandeln:

✔ Maine Coon lieben es, mehrere Räume zur Verfügung zu haben, in denen sie attraktive Schlupfwinkel und Nischen vorfinden.

✔ Bretter, in verschiedenen Höhen an der Wand montiert, laden zum Sitzen ein.

✔ Halten Sie Ihrer Maine Coon Fensterplätze frei. Sie beobachtet mit Vorliebe das Treiben in der Natur. Junge Maine Coon sind allerdings noch recht tolpatschig, deshalb ist es besser, nur schwere, große Blumentöpfe auf die Fensterbank zu stellen oder sie ganz zu entfernen.

✔ Einen standfesten Kratzbaum für Ihre Katze können Sie im Zoofachhandel kaufen. Er muß auf jeden Fall so stabil sein, daß er das Gewicht einer erwachsenen Maine Coon von etwa 7 kg aushält.

✔ Sehr schön und vielseitig sind auch die im Fachhandel angebotenen mit Sisal bezogenen Tonnen. Sie dienen als Klettermöglichkeiten und Unterschlupf (→ Seiten 50/51).

✔ Verzichten Sie darauf, Ihre Wohnung allzuoft umzugestalten. Die Katzenpsyche könnte sehr darunter leiden, denn Katzen lieben es, bei ihrem täglichen Streifzug durch ihr Revier alle Dinge an ihrem gewohnten Ort vorzufinden.

Maine Coon und Freiauslauf

Maine Coon mit Freiauslauf leben gefährlich! Hunde, Autos, andere Katzen und leider auch Menschen stellen große Gefahren dar. Auch Vergiftungen durch Mäuse- oder Rattengift und giftige Pflanzen sind nicht selten. Ebenso sind Tierfänger, gerade in ländlichen Regionen, immer eine Bedrohung. Dazu kann der Ärger mit den Nachbarn kommen, die sich über verunreinigte Gärten, gejagte Vögel oder geangelte Fische aus dem Zierteich beschweren. Wenn Sie jedoch ein paar Vorkehrungen treffen, kann Ihre Maine Coon trotzdem ins Freie. Frische Luft und willkommene Abwechslung kann sie im Garten genießen, wenn er mit einem elektrischen Weidezaun versehen ist, oder auf dem mit einem Netz gesicherten Balkon. Sie können Sie aber auch an ein Katzengeschirr gewöhnen und mit ihr an der Leine spazierengehen (→ Seite 49).

Lieblingsplatz: ein stabiler »Baum« zum Kratzen, Klettern, Toben und Ausruhen.

Gefahrenquellen beseitigen

Gefahrenquelle	Mögliche Auswirkungen	Vermeiden der Gefahr
Näh- und Stecknadeln	Katze kann hineintreten oder sie verschlucken.	Nichts herumliegen lassen.
Fäden, Wollknäuel, Bänder	Katze kann sich verheddern und sich strangulieren.	Nichts herumliegen lassen.
Bügeleisen, Kerzen, Kaminfeuer, heiße Herdplatten, Stövchen, Zigaretten	Katze kann schwere Verbrennungen erleiden.	Heiße Herdplatten mit Töpfen abdecken, Töpfe und Pfannen zudecken; Bügeleisen, Stövchenflamme, Kerzen, Zigaretten nicht unbeaufsichtigt lassen, abschalten oder ausmachen.
Wasch- und Spülmaschine, Trockner, Plastiktüten, Bodenvasen, schmale Spalten, Luken und alle höhlenartigen Verstecke	Katze kann sich einklemmen oder ersticken.	Vor dem Maschinenanstellen nachschauen, Plastiktüten nicht herumliegen lassen, Bodenvasen abdecken, Spalten und Luken verschließen.
Wasch- und Putzmittel, Chemikalien, Tabletten	Vergiftungsgefahr.	Wegschließen.
Balkon, offene Fenster, Kippfenster	Absturzgefahr, Katze kann sich in Kippfenstern einklemmen.	Balkon und offene Fenster mit Netz, gekippte Fenster mit speziellen Einsätzen sichern.
Garten	Katze kann entwischen.	2 m hohen abgeschrägten Zaun oder Elektrozaun anbringen.
Giftige Pflanzen (Aronstabgewächse, Alpenveilchen, Azaleen, Dieffenbachie, Efeu, Maiglöckchen, Narzissen, Nelken, Oleander, Orchideen, Weihnachtsstern u.a.)	Vergiftungsgefahr durch Abkauen oder Schlucken von Blättern.	Zugang verwehren oder abschaffen. Katzengras (→ Seite 32) zur Verfügung stellen.

Maine Coon und andere Haustiere

Maine Coon und Hunde: Sie können gut miteinander auskommen, ja sogar Freunde werden,
auch wenn sie nicht dieselbe Sprache sprechen.
So bedeutet Schwanzwedeln beim Hund, daß er
sich freut. Die Katze schlägt mit dem Schwanz,
wenn sie zum Angriff bereit ist. Um das Kennenlernen zu erleichtern, setzen Sie die Katze auf
einen erhöhten Platz, damit sie den Hund aus
sicherer Höhe beobachten kann. Solange die
Tiere noch nicht Freundschaft geschlossen haben, nicht ohne Aufsicht lassen.
Maine Coon und Kleinnager, Vögel: Sie werden
vielleicht akzeptiert, bleiben aber immer Beute-
tiere, und es besteht die Gefahr, daß die Katze
sie zum Fressen gern hat.

Im Garten ist immer was los. »Mama!
Der läßt mich nicht herunter!«

Maine Coon und Kaninchen: Sie können gute
Freunde werden und sogar miteinander spielen,
wobei es aber immer von ihren individuellen
Persönlichkeiten abhängt, inwieweit sie sich ver-
stehen werden. Auch in diesem Fall ist es sicher
besser, die beiden nie unbeaufsichtigt zu lassen.
Maine Coon und Aquarium: Ich bezeichne es
als »Katzenfernseher«, denn Katzen können
stundenlang davorsitzen und dem Treiben der
Fische zuschauen. Wichtig ist nur, daß Sie die
Fische vor Angelversuchen schützen und das
Aquarium sicher abdecken.

Maine Coon und Kinder

Aufgrund ihres ausgeglichenen und verspielten Wesens ist die Maine Coon der beste Spielkamerad für ein Kind, der sich auch selber einiges an Spielen einfallen läßt.

Die positive Wirkung einer Katze auf die Psyche des Kindes ist unumstritten. Eine Katze wird oft zum unersetzlichen Freund. Außerdem lernt das Kind, Rücksicht auf ein Tier zu nehmen, es zu verstehen und zu versorgen. Natürlich braucht das Kind viel Anleitung und Hilfestellung bei der Versorgung der Katze, und die Verantwortung liegt letztlich bei den Erwachsenen. Machen Sie dem Kind immer wieder bewußt, daß eine Katze kein Spielzeug ist, sondern einen eigenen Willen hat, der zu respektieren ist.

»Verpetz mich nicht, sonst hau ich dich!«
So lautet die prompte Antwort.

Ein Baby ist unterwegs

Eine Frau sollte während einer Schwangerschaft ein paar Hygienevorschriften im Umgang mit der Katze beachten (→ Toxoplasmose, Seite 55). Es besteht aber kein Grund, sich von der Katze zu trennen.

Maine Coon zeigen in der Regel Babys gegenüber viel Geduld.

Hinweis: Lassen Sie das Neugeborene nicht mit der Katze allein im Zimmer, sie könnte sich auf den Körper oder auf sein Köpfchen legen - mit tragischen Folgen.

Wenn die Maine Coon älter wird

Wenn Ihre Maine Coon in die Jahre kommt, bedeutet dies nicht zugleich, daß sie auch krank wird. Trotzdem gibt es Krankheiten, die hauptsächlich bei älteren Katzen auftreten. Typische Alterserkrankungen sind Nierenleiden, Herzschwäche, Zahnerkrankungen, ebenso Abnutzungserscheinungen wie Rheumatismus und Arthrose. In vielen Fällen fördert die Früherkennung die Heilungschancen. Deshalb sollten Sie auf folgende Dinge achten:

✔ Überprüfen Sie täglich den Allgemeinzustand Ihrer Katze. Wie verhält sie sich beim Fressen und Trinken?

✔ Verteilen Sie die Mahlzeiten auf drei Portionen am Tag.

✔ Wichtig ist leichtverdauliche Nahrung wie weißes Fleisch oder Fisch.

✔ Achten Sie frühzeitig auf Übergewicht.

✔ Leidet Ihre Katze an Übergewicht, sollten Sie sie schrittweise auf Diätfutter umstellen (→ Seite 33) .

✔ Kontrollieren Sie das Gebiß Ihrer Katze einmal im Monat, um Entzündungen frühzeitig zu erkennen.

✔ Gehen Sie etwa alle sechs Monate mit ihr zum Tierarzt, um

Katzenalter im Vergleich

Katzen werden im Durchschnitt älter als andere kleine Haustiere. Im Gegensatz zum Hund können sie bis zu 20 Jahre alt werden. Ein ungefährer Vergleich zu Menschenjahren:

Katzenalter:	Menschenalter:
1 Jahr	15 Jahre
2 Jahre	25 Jahre
6 Jahre	45 Jahre
10 Jahre	60 Jahre
14 Jahre	72 Jahre
20 Jahre	90 Jahre

Man sagt übrigens, daß eine Katze ein Zehntel ihres Lebens mit dem Erwachsenwerden und ein Zehntel mit dem Altern verbringt. Die restlichen acht Zehntel steht sie demnach in voller Blüte ihres Lebens.

Altersprobleme rechtzeitig
in den Griff zu bekommen.

✔ Schutzimpfungen besser auf zwei Tierarzt-

Eine ungewöhnliche Freundschaft! Diese beiden haben sich offensichtlich über ihre Urinstinkte hinweggesetzt.

besuche verteilen, um den Organismus der Katze zu schonen.

✔ Hat Ihre Katze Probleme mit der täglichen Fellpflege und reinigt die Afterregion nicht mehr richtig, können Sie die langen Haare am Hinterteil kürzen.

✔ Gönnen Sie einer älteren Katze ein weitgehend streßfreies Leben mit Extrastunden zum Dösen.

✔ Zu einer greisen Maine Coon keine neue Katze hinzunehmen. Oft zieht sich die alte Katze dann gänzlich zurück, und altersbedingte Organschwächen arten zu Krankheiten aus.

Umzug mit der Maine Coon

Maine Coon sind wie alle Katzen meist etwas mehr an ihr Revier gebunden als an ihren Menschen. Sie hängen sehr an ihren »Besitztümern« wie Möbel, Decken und Kratzbaum. Diese Dinge – und sind sie noch so alt – müssen mit ins neue Zuhause. Sie können später nach und nach ausgewechselt werden. Ein Umzug mit einer völlig neuen Möblierung würde eine Katze kaum verkraften, der Nestgeruch wäre nicht mehr vorhanden. Deshalb sollten Sie den Umzugsstreß für Ihre Katze so gering wie möglich halten.

✔ Lassen Sie die Katze so lange in ihrer gewohnten Umgebung, bis das neue Heim bezugsbereit ist.

✔ Fahren Sie erst mit ihr in die neue Wohnung, wenn auch das letzte Bild an der Wand hängt. Die Katze ist aufgrund der neuen Situation verunsichert, und jeder Krach bedeutet Streß.

✔ Plazieren Sie ihre gewohnten Sachen in ein ruhiges Zimmer.

✔ Zeigen Sie ihr den neuen Platz des Katzenklos.

✔ Genau wie bei der anfänglichen Eingewöhnungszeit sollten Sie auf laute Feste verzichten. Vielleicht können Sie die Einweihungsfeier auf einen späteren Termin verschieben.

VERSORGUNG IM URLAUB

Die Katze fährt mit: *Wenn Sie immer wieder am gleichen Ort Urlaub machen, zum Beispiel in Ihrem Ferienhaus, kann die Katze auch mitfahren. In einem Hotel oder auf einem Campingplatz wäre sie nicht gut untergebracht. Bei längeren Fahrten die Katze am Abend vorher nicht mehr füttern. Während der heißen Monate besser nachts fahren. Bei Fahrten ins Ausland: Impfpaß nicht vergessen. Am besten sich frühzeitig beim Veterinäramt nach Sonderbestimmungen erkundigen.*

Die Katze bleibt zu Hause: *Die beste Lösung. Katzen sind eher bereit, auf ihren Menschen zu verzichten, als auf die gewohnte Umgebung. Sie brauchen allerdings jemanden, der zweimal am Tag Ihre Katze versorgt und mit ihr spielt. In Großstädten gibt es auch sogenannte Catsitter, die ihre Dienste gegen Entgelt anbieten.*

Freunde: *Gute Freunde, bei denen sich die Katze wohl fühlt, sind ideale Urlaubsplätze.*

Tierpensionen oder Pflegestellen: *Beginnen Sie rechtzeitig mit der Suche nach einer geeigneten Tierpension.*

Auch Luftschlangen können als Spielzeug dienen und werden gern zu Konfetti verarbeitet.

Die richtige Ernährung

Maine Coon sind, wie alle Katzen, geborene Mäuse- und Rattenjäger. Stundenlang verharren sie vor einem Loch und warten mit unvergleichlicher Geduld darauf, daß die Maus aus ihrem Versteck kommt. Aber erst, wenn sich die erhoffte Beute ein Stückchen von ihrer Behausung entfernt hat und nicht mehr darin verschwinden kann, schlägt die Katze zu.
Die notwendige Energie für diese Art der Nahrungsbeschaffung bekommt die Katze vollständig aus den erjagten Beutetieren: Muskelfleisch, Knochen, Innereien, dazu pflanzliche und mineralische Stoffe aus Magen- und Darminhalt. Selbstverständlich muß sich unsere Maine Coon die Nahrung nicht mehr selbst erjagen, und deshalb braucht sie auch nicht mehr soviel Energie. Gesunde Katzennahrung besteht zu zwei Dritteln aus Fleisch oder Fisch und zu einem Drittel aus Getreide und Gemüse.

Die wichtigsten Nährstoffe

Eiweiß: Katzen haben einen fünfmal höheren Eiweißbedarf als Hunde und sollten deshalb nie mit Hundefutter ernährt werden.
Der beste Eiweißlieferant für Katzen ist Fleisch. Pflanzliche Eiweiße haben zwar auch einen wichtigen Nährwert, reichen aber für den Organismus nicht aus. Eiweiß (Protein) braucht die Katze zum Wachstum, zur Zellerneuerung, zur Produktion von Blutzellen, Antikörpern und Enzymen. Diese lebenswichtigen Proteine sind in Fisch, Fleisch, Hefe, Milchprodukten, Eiern, Weizenkeimen und Soja enthalten.
Fett: Die essentiellen Fettsäuren, die nicht selbst vom Körper erzeugt werden können, müssen in der Nahrung enthalten sein. Zusätzlich enthalten sind die fettlöslichen Vitamine A, D, E, F und K. Gute Fettquellen sind nicht zu mageres Fleisch, Butter, Sonnenblumen- und Weizenkeimöl. Bei sehr magerem Fleisch und bei Gemüse sollten Sie Fett in Form von Butter oder Pflanzenöl zufügen. Bei Unterversorgung mit Fetten besteht die Gefahr eines gestörten Wachstums, von Immunschwäche und Unfruchtbarkeit.
Kohlenhydrate: Sie werden direkt in Energie umgewandelt und nur teilweise in der Muskulatur gespeichert. Zuviel wird in Fett umgewandelt und macht dick. Die in den Kohlenhydraten enthaltene Zellulose dient als nützlicher Ballaststoff und regelt den Stuhlgang.
Kohlenhydrate sind enthalten in Gemüse, Reis, Haferflocken, Nudeln und Kartoffeln.
Vitamine und Mineralien: Sie sollten in jedem Futter ausgewogen vorhanden sein. Zuwenig wie auch zuviel davon kann schädlich sein. Zusätzliche Vitamin- und Mineralgaben sollten Sie nur in Ausnahmezuständen wie während der Trächtigkeit und bei Krankheiten geben.

10 Goldene Regeln
für die gesunde Ernährung

1 Junge Katzen drei- bis viermal am Tag füttern, erwachsene Katzen ein- bis zweimal, alte, tragende und säugende Katzen dreimal täglich.

2 Die Futtermenge ist vom Alter und dem individuellen Tier abhängig.

3 Möglichst immer zur selben Zeit füttern und ruhigen, ungestörten Platz wählen.

4 Futter zimmerwarm und nie direkt aus dem Kühlschrank geben.

5 Abwechslungsreich füttern, zum Beispiel morgens Fertigfutter und abends Selbstgekochtes.

6 Selbstgekochtes Fleisch in grobe Stücke schneiden, damit es zum Kauen anregt.

7 Zu dicke Katzen nicht hungern lassen. Regelmäßig füttern, aber Futtermenge reduzieren. Oder einmal in der Woche eine Mahlzeit anbieten, die die Katze nicht gerne frißt.

8 Frischfutter auf Vorrat kochen und portionsweise einfrieren.

9 Gemüse und Getreide nur dünsten. Nicht zu lang abkochen, sonst werden die Vitamine zerstört.

10 Bei stumpfem Fell einmal am Tag je einen Teelöffel Hefeflocken und Distelöl unter das Futter mischen.

T I P

Futter zimmerwarm anbieten

Lebt nur eine Maine Coon in Ihrem Haushalt, werden Futterdosen meist nicht auf einmal geleert. Da Futterreste zur Aufbewahrung aber auf jeden Fall in den Kühlschrank müssen, entsteht das Problem des Wiederaufwärmens. Denn wenn Ihr Liebling irgendwann unmißverständlich und dringlich seinen Hunger ankündigt, ist das Futter eisig kalt. Um es auf Zimmertemperatur zu erwärmen, können Sie es entweder in einem Mikrowellenherd kurz aufwärmen oder es für einige Minuten in ein heißes Wasserbad stellen. Wenn's ganz schnell gehen muß, rühren Sie einfach zwei bis drei Eßlöffel heißes Wasser unter. Auf keinen Fall darf das Futter direkt aus dem Kühlschrank serviert werden! Das würde bei der Katze auf Dauer zu Magenproblemen führen.

Fertigfutter

Es enthält alles, was die Maine Coon täglich benötigt, um gesund zu bleiben.

Dosenfutter wird in unterschiedlichen Geschmacksrichtungen von verschiedenen Herstellern angeboten. Vergleichen Sie die Futterzusammensetzung (wichtig ist ein hoher Fleisch- und Proteinanteil).

Trockenfutter ist eine hochkonzentrierte Vollwertnahrung mit nur 15 % Feuchtigkeit. Es ist deshalb wichtig, zum Trockenfutter immer frisches Wasser bereitzustellen, damit die Katze ihren Wasserbedarf decken kann. Am besten Trockenfutter als Zwischenmahlzeit für die Katze reichen.

Frischfutter – wichtige Zusatzkost

Frischfutter stellt in der Katzenernährung eine wichtige Zusatzkost dar. Mindestens ein Drittel der täglichen Futterration sollte jedoch durch Fertigfutter abgedeckt werden. Selbst gut durchdachte Futterrezepte mit errechneten Beimischungen von Kohlenhydraten und Vitaminen kommen in ihrer Zusammensetzung nicht an das genau auf den Organismus der Katze abgestimmte Fertigfutter heran. Eine reine Fleischfütterung führt zu Mangelerscheinungen.

Fleisch: Muskelfleisch enthält in der Regel das qualitativ beste Eiweiß. Das in Lunge, Pansen, Hirn enthaltene Bindegewebseiweiß ist von minderer Qualität. Muskelfleisch von Rind, Schaf, Kaninchen sollten Sie nur dann roh verfüttern, wenn Sie es ganz frisch und aus einwandfreien Beständen kaufen können. Im Zweifelsfall Fleisch immer abkochen.

Vorsicht: Schweinefleisch darf nur gekocht gefüttert werden, da es den Erreger der tödlich verlaufenden Aujeszkyschen Krankheit (→ Seite 54) enthalten kann.

Innereien: Bei Innereien steht Herz an erster Stelle. Nieren und Leber sind sogenannte Filterorgane und sollten nicht öfter als einmal pro Woche gegeben werden. Außerdem kann es durch Leber zu einer Vitamin-A-Vergiftung kommen. Beachten Sie auch, daß rohe Leber abführend wirkt und gekochte stopfend.

Geflügel: Wegen der Salmonellengefahr Geflügel nur gekocht füttern. So lassen sich auch die Knochen besser lösen.

Vorsicht: Geflügelknochen immer entfernen, sie splittern, sind teilweise spitz wie Nadeln und können im Hals steckenbleiben und zu Verletzungen führen.

Sehr gut und auch preisgünstig sind Hühner- oder Putenmägen und -herzen. Die Katze muß an den etwas zähen Stücken länger kauen, was der Kräftigung der Kaumuskulatur dient.

Eintagsküken: Wegen der nie auszuschließenden Salmonellengefahr ist hier Vorsicht geboten. Küken nur bei zuverlässigem Händler kaufen. Schnäbel und Beine vor dem Füttern entfernen.

Fisch: Fisch ist gut verdaulich und reich an Proteinen und Mineralien. Nachteil: Die Katze riecht nach dem Verzehr aus dem Maul. Fisch immer nur gekocht geben, da in rohem Fisch Fischbandwurm und schädliche Enzyme enthalten sein können. Auch bei Fischfilet auf Gräten achten!

Eier: Ein Eigelb pro Woche ist unbedenklich. Wenn Sie es roh verfüttern wollen, trennen Sie das Eiweiß sorgfältig davon ab. Rohes Eiweiß enthält eine Substanz, die das wichtige Biotin bindet und dessen Resorption im Darm verhindert. Gekochtes Eiweiß ist unbedenklich.

Vorsicht: Rohes Eigelb nur von frischen Eiern füttern (Salmonellengefahr!).

Eigelb als Stärkungsmittel: Eigelb mit einem Teelöffel Traubenzucker und einem Teelöffel Dosenmilch mischen, zum Beispiel für trächtige Katzen oder nach einer Krankheit. Mag Ihre Maine Coon kein Eigelb, vermischen Sie es mit Quark oder Kartoffelbrei.

Gemüse: Sie können alle gängigen Gemüsearten geben, sollten sie aber immer dünsten, damit die Vitamine aufgeschlossen werden können. Hülsenfrüchte rufen Blähungen hervor.

Getreide: Reis, Grieß, Haferflocken und anderes Getreide nur abgekocht füttern. Die in rohem Getreide vorhandene Stärke kann sonst nicht aufgeschlossen werden. Zum Garen von Getreide können Sie das Wasser benutzen, in dem das Fleisch abgekocht wurde.

Wasser: Frisches Wasser zum Trinken sollte immer für die Katze bereitstehen.

Milch und Milchprodukte

Die meisten erwachsenen Katzen können den in der Milch enthaltenen Milchzucker (Laktose) nicht mehr oder nur unvollständig verdauen. Unverdaute Laktose konzentriert Wasser im Darm und verursacht Durchfall. Dosenmilch (7,5 bis 15 %) wird dagegen meist sehr gut vertragen. Der Fachhandel bietet auch spezielle Katzenmilch an.

Milchprodukte wie Quark, Joghurt, Hüttenkäse und Käse sind auch für Katzen wertvolle Nahrungsmittel. Sie liefern Eiweiß und Kalzium und dürfen täglich serviert werden.

Katzenmilch und Milchprodukte sind wichtige Kalziumlieferanten.

Der Nahrungsbedarf einer Maine Coon läßt sich nicht verallgemeinern, da er individuell stark variiert. Empfehlenswert sind zwei Hauptmahlzeiten. Als Zwischenimbiß eignet sich eine Schale Quark oder Trockenfutter.
Futterreste müssen nach ein paar Stunden (Katzen fressen in Etappen) vernichtet und der Napf gereinigt werden.

Katzengras hilft der Verdauung. Mit den Pflanzenteilen werden Haare, die beim Putzen verschluckt wurden, wieder erbrochen.

Katzenmenüs
Es lohnt sich, wenn Sie auf Vorrat kochen und die einzelnen Portionen einfrieren.

Geflügeltopf
150 g gekochtes Hühnerfleisch, in grobe Stücke geschnitten,
1 EL gekochter Reis,
2 EL gekochtes Gemüse,
1 TL Hefeflocken.

Fischtopf
150 g gekochter Fisch,
1 TL Butter oder Margarine,

Katzengras
Zum Wohlbefinden der Maine Coon gehört auch ein Topf junges Gras. Es hilft ihr, die lästigen Haarballen (→ rechte Seite) auszuwürgen, und hält sie davon ab, die Zimmerpflanzen anzuknabbern.
Mit Weizen-, Hafer- oder Gerstensaat können Sie jede

1 EL gekochte Kartoffeln,
1 EL gekochtes Gemüse,
1 TL Hefeflocken.

Woche einen neuen Topf ansetzen. Spezielles Katzengras (meistens aus Weizensaat) erhalten Sie auch in Zoofachgeschäften.
Sie können Ihren Liebling auch mit einem Topf Zypergras (Papyrus) verwöhnen, das ab und zu in Gartenzentern günstig angeboten wird.

Innereien à la carte
150 g gekochte Puten- und Hühnermägen, in grobe Stücke zerkleinert,
1 EL gekochte Haferflocken,
2 EL gekochtes Gemüse,
1 TL Vitaminpaste.

Junge Kätzchen brauchen vier bis fünf kleine Mahlzeiten am Tag.

Nach jedem Fressen wird geputzt

Da die Katze ein extrem sauberes Tier ist, putzt sie nach jedem Fressen als erstes ihr Mäulchen. Dann feuchtet sie sich mit der Zunge die Pfote an und fährt sich damit mehrmals über das Gesicht. Mit der Fellpflege sind Katzen zwei bis drei Stunden am Tag beschäftigt.

Beim Putzen verschluckt die Katze Haare, die sich im Magen zu Haarballen (Bezoaren) sammeln, die ab und zu wieder ausgebrochen werden. Um diesen Vorgang zu unterstützen, fressen Katzen gerne Gras.

Körperpflege nach jeder Mahlzeit ist schon für die Kleinen selbstverständlich.

Mit der zum Löffel geformten Zunge schlabbern Katzen im Nu ein Schälchen Katzenmilch leer.

Trinken

Frisches Wasser ist das einzige Getränk für Katzen. Der Wassernapf muß täglich gereinigt und frisch gefüllt werden.

Beim Trinken formt die Katze ihre Zunge wie einen Löffel, um damit das Wasser aufzunehmen.

Bei vielen Katzen sind auch ein tropfender Wasserhahn oder die offene Toilette beliebte Wasserquellen. Zur Sicherheit sollten Sie den Toilettendeckel immer geschlossen halten, da die Katze in die Schüssel fallen kann und von selbst kaum mehr herauskommt.

Ernährungstips

Gewöhnen Sie Ihre Maine Coon schon frühzeitig an eine vielfältige und abwechslungsreiche Ernährung, damit sie im Erwachsenenalter nicht zu wählerisch wird. Sie wird dann auch später anfallende Ernährungsumstellungen leichter tolerieren.

Trächtige Maine Coon brauchen nicht unbedingt mehr Nahrung, sondern hochwertiges Futter mit zusätzlichen Gaben von Kalzium.

Säugende Maine Coon haben durch die Milchproduktion einen erhöhten Energiebedarf und benötigen mehr Futter.

Kastrierte Maine Coon werden in ihrem Wesen oft ruhiger, der Energiebedarf sinkt, sie müssen deshalb aber nicht notwendig dick werden. Um Übergewicht vorzubeugen, sollte sich eine kastrierte Katze beim Spielen viel bewegen. Wenn sie dann noch fettärmer ernährt wird, kann sie bis ins hohe Alter rank und schlank bleiben. Der Zoofachhandel bietet auch Diätfutter an.

Pflegeprogramm für die Maine Coon

Man sieht es einer Maine Coon an, ob sie gut gepflegt wird. Ihr Fell glänzt und fällt locker am Körper herunter. Die Hosen am Hinterteil sind sauber, ebenso Augen und Ohren, und sie hat ein gesundes Gebiß. Wird das Pflegeprogramm regelmäßig und sorgsam durchgeführt, lassen sich dabei auch Krankheitsanzeichen frühzeitig erkennen.

Kämmen und Bürsten

Maine Coon putzen und pflegen ihr Fell wie alle Katzen mehrmals am Tag. Dennoch ist eine zusätzliche Fellpflege durch den Menschen notwendig. Gewöhnen Sie Ihre Maine Coon schon im Alter von drei Monaten spielerisch an Bürste und Kamm, auch wenn regelmäßiges Bürsten noch nicht nötig ist, da das Fell noch kürzer und dünner ist. Später ist wöchentliches Kämmen und Bürsten wichtig, um zu verhindern, daß die Katze zuviel Haare verschluckt (→ Bezoare, Seite 33). Dazu benötigen Sie einen Metallkamm mit groben Zähnen (eventuell auch einen mit feinen Zähnen), eine Bürste mit gebogenen Drahtborsten (im Fachhandel erhältlich). Ein Trennmesser zum Herausschneiden von Fellknoten können Sie im Handarbeitsgeschäft erwerben.

<u>Und so gehen Sie vor:</u> Nehmen Sie die Katze auf den Schoß und kämmen Sie zuerst das Fell am Bauch, und zwar immer mit dem Strich. Weil das Fell dort feiner ist und leicht verfilzt, kann es für die Katze etwas unangenehm sein. Danach wird der Rücken gekämmt und dann nochmals das ganze Fell gut durchgebürstet.

Leicht skeptisch, aber geduldig läßt sich die Maine Coon am Bauch bürsten.

<u>Haarknoten auflösen:</u> Es kann passieren, daß sich in dem längeren Fell der Maine Coon Haarknoten bilden. Um sie aufzulösen, teilen Sie den Knoten mit den Fingern in kleine Partien und entwirren Sie diese mit dem Kamm. Verfilzte Flächen, die dicht an der Haut sitzen, schneiden Sie mit dem Trennmesser vorsichtig auf.

Ohrenkontrolle

Katzenohren sind in der Regel sauber. Falls die Ohrmuscheln einmal etwas schmutzig sind, wischen Sie sie einfach mit einem feuchten Papiertuch aus. Auch feuchte Babytücher eignen sich hervorragend zur Reinigung.

Hinweis: Sind dunkle Klümpchen in der Ohrmuschel zu erkennen, kratzt sich die Katze öfter am Ohr und schüttelt den Kopf, deutet dies auf Ohrmilben oder einen Infekt hin.

Augen säubern

Leichte Schmutzkrusten an den Augenwinkeln
lassen sich ebenfalls gut mit einem feuchten
Papiertuch entfernen (hier aber nur Wasser verwenden!). Wischen Sie dabei immer von außen
nach innen.

Hinweis: Starker Tränenfluß und eitrige Abson-
derungen deuten auf einen Infekt hin, der vom
Tierarzt behandelt werden muß.

Zahnkontrolle

Etwa einmal im Monat sollten Sie auch das Gebiß Ihrer Maine Coon anschauen, um Zahnstein
und Zahnfleischentzündungen frühzeitig zu erkennen. Dabei halten Sie den Kopf fest und ziehen die Lefzen hoch. Gesundes Zahnfleisch ist
rosa. Rotes oder geschwollenes Zahnfleisch vom
Tierarzt kontrollieren lassen.

Krallen kürzen

Damit sich Ihre Maine Coon die Krallen wetzen
kann, braucht sie geeignete Kratzgelegenheiten
(→ Seite 17). Bei reinen Wohnungskatzen kann
es trotzdem vorkommen, daß die Krallen einmal
zu lang werden. In diesem Fall ist es nötig, die
Krallen mit einer Spezialzange (Zoofachhandel)
zu kürzen.

Und so wird's gemacht: Nehmen Sie die Katze
auf den Schoß und halten Sie mit einer Hand
eine Pfote fest. Wenn Sie mit dem Daumen auf
die Oberseite der Pfote drücken, schieben sich
die Krallen von selbst aus ihrem Schaft. Mit der
freien Hand können Sie jetzt vorsichtig die
Krallen schneiden.

Vorsicht: Beim Schneiden müssen Sie unbedingt darauf achten, daß der durchblutete Kral-
lenteil nicht verletzt wird. Arbeiten Sie deshalb
nur bei guter Beleuchtung.

Wenn Sie unsicher sind, lassen Sie sich das
Krallenschneiden von Ihrem Züchter zeigen
oder beauftragen Sie damit Ihren Tierarzt.

Hinweis: Bei Ausstellungen ist es Vorschrift,
den Katzen vorher die Krallen zu kürzen.

Baden

Eine Maine Coon sollte nur dann gebadet werden, wenn sie sehr verschmutzt ist oder wenn
sie ein bis zwei Tage vor einer Katzenausstellung schöngemacht wird. Wird sie zu oft gebadet, schadet das ihrer Haut. Außerdem mögen
es die meisten Katzen nicht.

Da diese Rasse etwas größer ist als andere Katzen, setzen Sie sie zum Baden am besten in die
Bade- oder Duschwanne und benutzen Sie die
Handbrause. Zum Waschen bitte nur Spezial-
oder Babyshampoo verwenden!

Halten Sie die Katze mit einer Hand an den
Vorderbeinen fest und waschen Sie sie mit der
anderen. Kopf und Ohren dürfen nicht naß
werden, da es leicht zu Ohrenentzündungen
kommen kann.

Nachdem Sie das Shampoo gut ausgespült haben, wickeln Sie die Katze in ein vorgewärmtes
Handtuch und reiben sie trocken. In einem warmen Zimmer, zum Beispiel im Bad, trocknet das
Fell gut von selbst. Die Katze sollte aber erst
wieder ein paar Stunden nach dem Baden auf
den Balkon gehen oder am offenen Fenster sitzen, damit sie sich nicht erkältet.

Fettschwanz bei Katern

Kater neigen zum Fettschwanz, das heißt, die
Talgdrüse, die an der Schwanzwurzel sitzt, pro-
duziert zuviel Fett. Ein Fettschwanz wird oft
mit der Geschlechtsreife sichtbar. Er ist aber
nicht nur unschön, sondern es kann auch zur
Verfilzung der Schwanzbehaarung kommen und
eventuell zu Ekzemen.

Bestreuen Sie die Stelle einmal in der Woche
reichlich mit Kartoffel- oder Maisstärke, massieren Sie es gut ins Fell ein und bürsten Sie die
Überreste aus.

Zucht und Aufzucht

Vielleicht stellen Sie sich auch einmal die Frage, wie es wäre, wenn Ihre Maine Coon Junge bekommen würde. Wer möchte nicht wenigstens einmal die Geburt und Aufzucht von Maine Coon-Babys miterleben? Solch ein Entschluß muß jedoch gründlich durchdacht werden.

Das Ziel einer verantwortungsvollen Zucht sollte immer die Verbesserung der Rasse und nicht nur deren bloße Vermehrung sein.

Wer also züchten möchte, sollte schon bei der Auswahl seiner Maine Coon sehr sorgfältig vorgehen. Nicht jede von einem Züchter als zuchttauglich angepriesene Katze – etwa weil die Eltern »hochprämierte« Tiere sind – eignet sich wirklich zum Züchten. Am besten stellen Sie viele Vergleiche an. Es geht auch nicht jeder Züchter gern und oft auf Ausstellungen, was nicht heißt, daß seine Tiere schlechter sind. Eine Zuchtkatze sollte nicht nur äußere Qualitäten besitzen. Lassen Sie sich auch ausführlich über ihren Charakter, die Vorfahren und die Zuchtqualitäten der Mutter berichten.

Auch wenn Sie nur einmal einen Wurf großziehen möchten, sollten Sie sich trotzdem für ein Zuchttier entscheiden, damit sich Mängel, wie zum Beispiel ein zarter Knochenbau, nicht weitervererben.

Sie müssen auf jeden Fall einem Katzenzuchtverband beitreten und einen Zwingernamen beantragen. Dort erfahren Sie dann alle Einzelheiten über die Regeln der Zucht und die Registrierung der Welpen.

Rolligkeit und Partnerwahl

Zuchtkatzen: Ab dem neunten Lebensmonat können Sie bei Ihrer Maine Coon mit der ersten Rolligkeit rechnen. Die Katze wird dann »gesprächig«, miaut viel, preßt sich bei jeder Berührung flach auf den Boden, streckt ihr Hinterteil hoch, stellt den Schwanz zur Seite und tretelt mit den Hinterpfoten auf der Stelle. Im Durchschnitt rollt die Katze acht bis zehn Tage, was aber individuell verschieden ist. Wird die Katze nicht gedeckt, beträgt die Ruhepause zwischen zwei fruchtbaren Phasen mindestens drei Wochen bis höchstens acht Monate. Bei der ersten Deckung sollte die Katze mindestens ein Jahr alt sein!

Zuchtkater: Kater sind jederzeit paarungsbereit, und ein potenter Kater kann sich als arge Belastung herausstellen. Kater können nun einmal die leidige Angewohnheit haben zu spritzen. Sie hinterlassen sozusagen ihre Visitenkarte. Erfolgreich decken kann ein Kater meist schon mit neun bis zwölf Monaten.

Partnerwahl: Beginnen Sie rechtzeitig mit der Suche nach einem geeigneten Kater, und nehmen Sie nicht den nächstbesten, nur weil er gleich um die Ecke wohnt. Vergleichen Sie verschiedene Stammbäume, und scheuen Sie weder Entfernung noch Kosten. Die Deckgebühr liegt übrigens zwischen 300,- und 500,- €. Die beiden Tiere

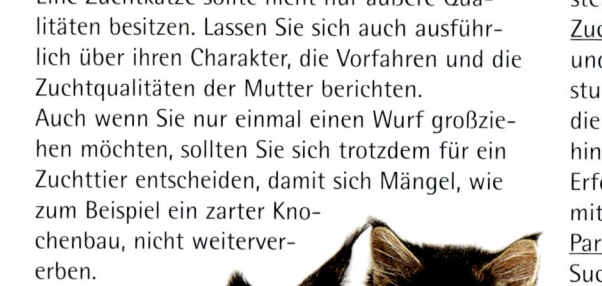

Ihren Jungen ein Vorbild sein ist die selbstverständliche Aufgabe der Katzenmutter.

sollten sich in ihren Merkmalen ergänzen und nicht die gleichen Fehler aufweisen.
Es ist üblich, daß die Katze zum Kater gebracht wird, und zwar am zweiten bis dritten Tag der Rolligkeit.

Deckakt

Beim Deckakt nähert sich der Kater gurrend der Katze. Ist sie bereit, hält er sie im Nacken mit den Zähnen fest und besteigt sie. Am Ende der Kopulation stößt die Katze einen Deckschrei aus, worauf sich der Kater schnell in Sicherheit bringt, da ihm sonst eine »Ohrfeige« verpaßt wird. Dieses Ritual wird mehrmals vollzogen. Nach etwa zwei Wochen können Sie an der dunkelrosa Verfärbung der Zitzen feststellen, ob Ihre Katze trächtig ist. Die Tragezeit beträgt 63 bis 65 Tage (fünf Tage mehr oder weniger sind

Zwei 7 Wochen alte Katerchen beim ersten Ausflug auf den Apfelbaum.

aber auch normal). In den zwei sogenannten Uterushörnern liegen die Embryonen hintereinander einzeln verpackt in einer Fruchthülle. Die Anzahl der Welpen beträgt im allgemeinen zwischen zwei und sechs.
Als Wurflager kann ein Pappkarton (40 x 60 x 40 cm) dienen. Schneiden Sie einen Einstieg so hinein, daß ein Rand von etwa 10 cm bleibt, damit die Jungen später nicht gleich herauskrabbeln können. Ausgelegt wird das Wurflager mit Zeitungspapier und sauberen Laken.
Stellen Sie das Lager schon zwei Wochen vor dem Geburtstermin an einen ruhigen, warmen Ort, wo die Katze sich sicher und geborgen fühlt.

Die Geburt

Stellen Sie für die Geburt folgende Dinge bereit: Feinwaage, Frotteetücher, Desinfektionsmittel und Schreibutensilien zum Notieren der Geburtsgewichte.

Erste Anzeichen: Kurz vor der Geburt wird die Katze unruhig, verweigert oft das Futter und sucht Ihren Kontakt. Vielleicht läuft sie auch abwechselnd zur Wurfkiste, zum Katzenklo und zum Kleiderschrank. Führen Sie die werdende Mutter zu ihrem Wurflager, setzen Sie sich dazu und reden Sie beruhigend auf sie ein.

Treten die Wehen ein, beschleunigt sich der Atemrhythmus, und die Katze fängt an zu schnurren. Sie beginnt verstärkt ihre Vulva zu lecken, und nach einigen Preßwehen wird die erste Fruchtblase am Ausgang der Vagina sichtbar. Der geborene Welpe steckt meist noch in der Fruchthülle, die von der Mutter entfernt wird. Sie beißt dann die Nabelschnur durch und leckt das Neugeborene trocken, wodurch seine Atemtätigkeit angeregt wird. Danach frißt die Katzenmutter die Plazenta, die wertvolle Nährstoffe enthält. Nicht gefressene Nachgeburten sollten Sie entfernen.

Hinweis: Achten Sie darauf, ob auf jedes Jungtier eine Plazenta folgt. Im Körper verbliebene Geburtsreste

können zu schweren Entzündungen führen. Dauert die Pause zwischen zwei Welpen länger als zwei Stunden, sollten Sie sich mit Ihrem Tierarzt in Verbindung setzen.

Geburtshilfe: In der Regel bringen die Maine Coon ihre Babys ohne Komplikationen zur Welt. Sie müssen nur dann eingreifen, wenn die Katzenmutter sich nicht sofort um die Neugeborenen kümmert:

✔ Befreien Sie das Baby aus der Fruchthülle und reinigen Sie Nase und Mäulchen.

✔ Wenn der Welpe nicht gleich atmet, können Sie ihn »ausschleudern«, um das Fruchtwasser aus den Atemwegen zu entfernen. Dazu umschließen Sie das Neugeborene mit Ihrer Hand, wobei Sie mit den Fingern sein Köpfchen fixieren. Mit zügigen Abwärtsbewegungen wird das Kleine mit dem Kopf nach unten ausgeschleudert. Ein Frotteetuch zum sicheren Halt ist zu empfehlen.

Sie können das restliche Fruchtwasser auch mit dem Mund absaugen. Lassen Sie sich diesen Vorgang aber von einem erfahrenen Züchter oder Tierarzt vorher zeigen.

✔ Muß man der Katze beim Abnabeln helfen, wird im Abstand von etwa 2 bis

Früh übt sich. Geschwisterkämpfe sind Teil der sozialen Schule von Katzenkindern.

3 cm zum Bäuchlein die Nabelschnur zuerst blutleer gerieben und dann mit vorher gründlich gesäuberten (desinfizierten) Fingernägeln »durchgeknibbelt«.

✔ Zur Aktivierung der Atemwege das Baby mit Frotteetüchern trockenrubbeln und an den Bauch der Mutter legen.

Entwicklung der Neugeborenen

✔ Bei der Geburt wiegen Maine Coon-Babys zwischen 80 und 140 g.

✔ Nach einer Woche haben sie ihr Gewicht meist verdoppelt.

✔ Mit etwa 10 Tagen öffnen sie die Augen, die am Anfang blau gefärbt sind. Die Augen dürfen vorher nicht gewaltsam geöffnet werden (außer bei Verdacht auf eine Entzündung), da Verletzungsgefahr beim »Rangeln« um die beste Zitze besteht.

✔ In der 4. Lebenswoche fangen die Kleinen an, die Welt zu erkunden, und verlassen das Nest. Um den Entdeckungsdrang der Kleinen etwas einzuschränken, empfiehlt es sich, den Zimmereingang mit einem Brett zu verstellen.

✔ Je öfter Sie sich jetzt mit den Welpen beschäftigen, um so enger werden sie an Menschen gewöhnt sein.

✔ Ab der 4. Woche erhalten die Jungen auch das erste Zusatzfutter, zum Beispiel zweimal täglich Quark mit Babynahrung. Manche stürzen sich ausgehungert darauf, andere rümpfen nur die Nase.

✔ Jetzt brauchen die kleinen Entdecker auch ein extra flaches Katzenklo, an das sie die Mutter gewöhnen wird.

✔ Ab der 6. Woche können die Katzenkinder schon normales Katzenfutter zu sich nehmen (4mal am Tag). Es sollte ausgewogen und abwechslungsreich zusammengestellt sein.

✔ In der 4., 6. und 8. Woche werden die Katzenjungen entwurmt und geimpft.

TIP

Katzen-Ausstellung

Wenn Sie mit Ihrer Maine Coon an einem Schönheitswettbewerb teilnehmen möchten, beachten Sie folgende Punkte:

✔ Um auszustellen, sollten Sie Mitglied in einem Verband sein, der Sie über geplante Ausstellungen und die Regeln informieren wird.

✔ Die Katze muß in gesundheitlichem Top-Zustand sein und sämtliche Impfungen erhalten haben.

✔ Sie brauchen eine Käfigausstattung: Unterlage (Teppich), Gardinen, ein kleines Klo, zwei Näpfe und einen Plastikschutz für die Besucherseite. Die Maße der Käfige betragen bei den meisten Vereinen 70 x 70 x 70 cm.

✔ Da es sich um einen Schönheitswettbewerb handelt, muß eine erwachsene Maine Coon zwei Tage vorher baden und sich ihre Krallen kürzen lassen.

✔ Auf der Ausstellung wird die Katze zuerst von einem Tierarzt untersucht.

✔ Dann erhalten Sie Ihre Ausstellungsunterlagen inklusive der Käfignummer. Bevor Sie den Käfig dekorieren, sollten Sie ihn gründlich desinfizieren.

✔ Auf einigen Ausstellungen werden die Tiere von Stewards dem Richter vorgestellt. Manchmal müssen Sie auch selbst mit Ihrer Katze zum Richtertisch.

✔ Zur Sicherheit besprühe ich meine Katzen vor jeder Ausstellung noch mit einem Langzeit-Flohspray. Bevor ich sie für den Heimweg wieder in den Transportkorb setze, wird auch dieser besprüht.

VERHALTEN UND BESCHÄFTIGUNG

Mit dem Körper, den Augen, den Ohren, dem Schwanz signalisiert die Maine Coon uns ihre Gefühle und Stimmungen. Um diese Signale richtig deuten zu können, sollten Sie die Körperfunktionen einer Katze, ihre Fähigkeiten und ihre Sprache kennenlernen.

Die Körperfunktionen

Von der Domestikation der Katze vor etwa 3500 Jahren bis heute hat sie sich in Aussehen und Verhalten nur geringfügig verändert.

Die Familie der Katzen (*Felidae*) bildet bis heute eine sehr einheitliche Gruppe, und – egal ob groß oder klein – Katzen sind immer als solche zu erkennen und mit keinem anderen Säugetier zu verwechseln.

Der Körper ist ein faszinierendes Zusammenspiel von Sehnen und Muskeln, die der Katze Geschmeidigkeit, Kraft und Schnelligkeit verleihen. Ihre Sprungkraft und Agilität machen es ihr möglich, fünfmal so hoch zu springen wie sie groß ist und genau auf dem Punkt zu landen, wo sie hinwollte.

Der Schwanz dient als Gleichgewichtshilfe bei Sprüngen und »Hochseilakrobatik«. Die Maine Coon benutzt ihn aber auch als Stimmungsbarometer (→ Seiten 42/43).

Die Pfoten sind durch die gute Polsterung der Ballen ideal zum leisen Anschleichen. Die fünf

Maine Coon sind ausgezeichnete Jäger. Dieser Kater hat einen Vogel entdeckt (Black Classic Tabby; 9 Monate).

Vorderkrallen werden während des Laufens in Hauttaschen eingezogen. An den Hinterläufen besitzt sie nur vier Krallen. Da bei der Maine Coon die Sechszehigkeit (Polydaktylie) verbreitet ist, hatte man erwogen, dieses Merkmal als typisch für den Standard aufzunehmen. Weil es aber bei Verpaarungen dieser Tiere zu schweren Pfotendeformationen kommen kann, wurde diese Überlegung wieder verworfen.

Das Fell ist für uns eine sichtbare Zierde, für die Maine Coon ein schützender Mantel, der je nach Jahreszeit im Winter dichter und im Sommer dünner ist. Bei extremer Kälte stellen sich die Fellhaare auf, um die dazwischenliegende Luft als Isolation zu nutzen.

Das Gebiß der Katze umfaßt nur 30 Zähne und damit weniger als das aller anderen Fleischfresser. Mit fünf bis sechs Monaten verlieren Katzen die Milchzähne, mit sieben bis neun Monaten ist ihr Gebiß voll ausgebildet.

Die Sinnesorgane

Für die Beutejagd sind gutes Sehen, Hören und Tasten von außerordentlicher Wichtigkeit für die Katze.

Die Augen einer Katze haben durch ihre Größe einen größeren Blickwinkel als die des Menschen. Da sie ihre Pupillen extrem erweitern kann, wird selbst geringfügiges Licht (Sterne) noch genutzt. Die Wirkung wird durch eine Reflexschicht im Augenhintergrund noch verstärkt. Deshalb leuchten Katzenaugen im Dunkeln. Katzen besitzen ein drittes Augenlid, die sogenannte Nickhaut. Sie ist nur sichtbar, wenn sie sehr müde oder krank sind.

Die Ohren der Katze kann man mit großen, beweglichen Schalltrichtern vergleichen, die sich unabhängig voneinander bewegen können. Geräusche aus unterschiedlichen Quellen zu unterscheiden ist für Katzen kein Problem, denn sie sind imstande, in Frequenzbereichen bis zu 65 kHz zu hören (Menschen nur bis 20 kHz).

Der Geruchssinn der Katze ist dem des Hundes unterlegen. Wir Menschen können ihr aber auch hier das Wasser nicht reichen. Sie setzt ihn zur Kontaktaufnahme und zum Lesen von Duftmarkierungen ihrer Artgenossen ein.

Der Geschmackssinn gibt auch Wissenschaftlern noch Rätsel auf, denn was eine Katze heute als extrem schmackhaft empfindet, verweigert sie unter Umständen am nächsten Tag.

Der Tastsinn ist ein hochempfindliches Organ und sitzt an den Schnurrkissen, Augen, Kinn und über den Daumenballen an den Vorderbeinen. Die Katze nimmt damit nicht nur Berührungen, sondern auch kaum fühlbare Schwingungen wahr. Ihre Beute wird nicht nur beschnuppert, sondern auch betastet. Prof. Dr. Paul Leyhausen berichtet von einem Experiment, bei dem Katzen, die man darauf dressiert hatte, sich in einem dunklen Labyrinth zurechtzufinden, völlig versagten, als man ihnen die Barthaare gestutzt hatte.

Körpersprache und Verhalten

Eine Katze spricht mit dem ganzen Körper, dazu gibt sie Töne von sich, die die Situation untermalen.

Wohlbefinden drückt sie aus, indem sie mit entspanntem Gesichtsausdruck und halb geschlossenen Augen vor sich hin schnurrt.

Zur freudigen Begrüßung stellt sie den Schwanz hoch auf, und mit wachen, aufmerksamen Augen erwartet sie ein liebes Wort, Futter oder Streicheleinheiten.

Zur Seite gedrehter Kopf, angelegte Ohren, starrer Blick – gleich folgt der Angriff.

Abwehr entsteht oft aus Angst, die am deutlichsten durch einen Katzenbuckel ausgedrückt wird. Die Katze baut sich vor dem Feind auf, um größer zu wirken.

Es gibt aber auch Situationen, die nicht so offensichtlich sind. Ihr Stubentiger sitzt, hoch aufgerichtet, auf der Fensterbank, und Sie wollen ihn streicheln. Dabei übersehen Sie die zur Seite geklappten Ohren, die sich weitenden Pupillen und die zurückgelegten Schnurrhaare. Verstehen Sie dieses »Ich will meine Ruhe«-Signal nicht, bekommen Sie unter Umständen Krallen oder Zähne zu spüren. Auch Fauchen, Knurren und Spucken hält den Gegner fern.

Beim Angriff steht der Körper breitseitig auf hoch aufgerichteten Beinen (man wirkt dadurch größer), die Ohren sind nach hinten geklappt, der Kopf ist leicht zur Seite gedreht, die Pupillen sind verengt und die Schnurrhaare breit gefächert. So baut sich die Maine Coon mit schlagender Schwanzspitze vor ihrem Opfer auf, um sich anschließend darauf zu stürzen. Das »Angriff und Abwehr«-Spiel wird übrigens schon von Jungtieren mit vier Wochen geübt.

Das Putzen dient nicht nur der Fellpflege. Sehr häufig handelt es sich um ein Verlegenheitsputzen. War die Katze ungeschickt oder ist sie unentschlossen, löst sie das Problem, indem sie sich putzt, um ihr Gesicht zu wahren. Das Putzen von Artgenossen und Menschen ist eine freundliche Geste der Kontaktaufnahme.

Scharren vor dem Wassernapf ist meiner Meinung nach das fiktive Graben nach Wasser. Der Urinstinkt, Nahrung zu verscharren, dient dazu, Futter für Notzeiten einzugraben, was auch mit dem Napf in der Wohnung gemacht wird.

Treteln ist ein Überbleibsel aus der Welpenzeit. Ein Katzenbaby massiert die Zitzen der Mutter mit den Pfoten, um den Milchfluß anzuregen (Milchtritt). Die erwachsene Katze drückt so Wohlbehagen aus.

TIP

Entwischte Katze einfangen

Ist Ihre Maine Coon einmal aus der Wohnung entwischt, sollten Sie ihr auf keinen Fall sofort hinterherrennen, um sie zu fangen. Das würde die Katze nur zur Flucht veranlassen. Beobachten Sie die Ausreißerin zuerst, rufen Sie ihren Namen, und gehen Sie dann langsam lockend auf sie zu. Gerät die Katze trotzdem in Panik und sucht sich ein Versteck, nähern Sie sich ihr langsam und tun Sie am besten so, als würden Sie sie gar nicht sehen. Sind Sie nahe bei ihr, reden Sie ruhig auf sie ein, beruhigen Sie sie durch Streicheln und fassen dann schnell zu.

Das Wälzen oder Auf-den-Rücken-Werfen fordert zum Streicheln auf. Aber Vorsicht, Katzen sind am Bauch besonders empfindlich und kitzelig. Manche kratzen mit den Hinterpfoten, wenn man sie am Bauch krault.

Beim Flehmen sperrt die Katze, wenn sie einen animierenden Duft entdeckt hat, das Mäulchen halb auf, die Nasenlöcher weiten sich, der Blick ist leicht verklärt. Wie erstarrt sitzt sie da und ist völlig konzentriert. Sie »trinkt« den Duft.

Schnurren können nur die Feliden, die katzenartigen Säugetiere. Wodurch das Schnurren ausgelöst wird und mit welchem Organ, ist immer noch ein Rätsel. Eine Katze schnurrt jedoch nicht nur bei Wohlbefinden, sondern auch bei Schmerz, wie zum Beispiel bei der Geburt.

DOLMETSCHER

Wenn Sie die Katzensprache lernen möchten, müssen Sie die Verhaltensweisen Ihrer Katze richtig deuten können.

 Dieses Verhalten zeigt meine Maine Coon.

 Was drückt die Katze damit aus?

 So reagiere ich richtig auf ihr Verhalten!

☞ Das Maine-Coon-Baby gähnt.

❓ Es ist müde vom vielen Spielen.

❗ Junge Maine Coon brauchen viel Schlaf. Bitte nicht stören!

Zwei Maine Coon ☞ begegnen sich.

Der Nasenkuß ist ein ❓ freundliches Begrüßungs-ritual.

Solange die beiden ❗ nicht fauchen, brauchen Sie nicht eingreifen.

☞ Die Maine Coon leckt sich das Fell.

❓ Katzen verbringen etwa zwei bis drei Stunden am Tag mit Putzen.

❗ Unterstützen Sie sie dabei durch regelmäßiges Bürsten.

Spiel mit ☞ der Katzenangel.

Geschick-lichkeitsspiel, das die Reaktion ❓ schärft.

Nehmen Sie ❗ sich Zeit für die tägliche Spiel-stunde.

🐾 Miauendes Maine-Coon-Baby.

❓ Es ruft nach seiner Katzenfamilie.

❗ Maine Coon sind gesellig und lieben Nähe.

☝ Die Maine Coon räkelt sich entspannt auf dem Rücken.

❓ Aufforderung zum Spielen und Schmusen.

❗ Tun Sie ihr den Gefallen!

🐾 Maine Coon mit »Beute«.

❓ Katzen befriedigen ihren Jagdtrieb auch mit Ersatzbeute.

❗ Wenn Sie mit ihr spielen, kann sie nicht ausgelebte Triebe abreagieren.

Kätzchen kämpfen spielerisch. 🐾

So bereiten sie sich auf spätere ❓ Kämpfe mit Rivalen vor.

Nicht eingreifen! ❗ Wichtige Schule des Sozialverhaltens.

🐾 Angelegte Ohren und starrer Blick.

❓ Der Kater ist angespannt und gereizt.

❗ Fassen Sie ihn jetzt besser nicht an, er könnte kratzen oder beißen.

Markieren. Das »Köpfchen geben« dient nicht nur zum Schmusen, sondern damit markiert die Katze auch ihren Menschen. An den Schläfen, Mundwinkeln, an der Schwanzwurzel und an den Fußballen der Vorderpfoten sitzen Duftdrüsen, die für uns weder sichtbar sind noch von unserer Nase wahrgenommen werden.

Das für uns Menschen unangenehmste Markieren ist das Urinabsetzen bei potenten Katern. Aber auch rollige Kätzinnen können auf diese Weise nach einem Liebespartner suchen. Normalerweise dient das Markieren zum Revierabstecken und Rivalenfernhalten. Abstellen läßt es sich nur durch die Kastration (→ Seite 57).

Die Katze markiert ihren Menschen mit den Duftdrüsen.

Erziehung ist möglich

Selbst wenn sich der Mensch mehr der Katze anpaßt als sie sich ihm, muß die Katze einige Regeln der Hausordnung lernen. Schränken Sie sie aber nicht unnötig in ihrer Bewegungsfreiheit ein. Katzen leben nun einmal auf mehreren Ebenen. Daher sollten Sie ihr erlauben, auch auf den Schrank oder das Regal zu springen.

Wichtige Erziehungsregeln

✔ Bauen Sie als erstes das Vertrauen zu Ihrer Maine Coon auf, denn Vertrauen ist die Basis fürs Lernen.

✔ Bleiben Sie konsequent und verbieten Sie ein unerwünschtes Verhalten immer. Was Sie der Katze heute verbieten, können Sie ihr morgen nicht erlauben. Sie würden das Tier nur unnötig verwirren.

✔ Oft genügt als »Strafreiz« ein lautes Wort wie »Nein«. Man sollte nie den Namen der Katze als Hemmreiz mißbrauchen, sonst hört sie nicht mehr auf ihn.

✔ Katzen müssen auf frischer Tat ertappt werden. Tadeln eine Stunde nach dem Vergehen nützt nichts mehr.

✔ Schlagen Sie die Katze nie, es wäre ein Vertrauensbruch!

✔ Ein Wasserstrahl aus der Blumenspritze oder ein Alukettchen der Katze zwischen die Füße geworfen, ohne daß sie darauf gefaßt ist und den Werfer sehen kann, ist ein geeigneter Hemmreiz in der Unterlassungserziehung.

Kratzen an Möbeln sofort unterbinden. Die Täterin sanft vom Tatort nehmen und zum Kratzbaum tragen. Zeigen Sie ihr unter Lob und Streicheln, daß dort der richtige Ort zum Kratzen ist, indem Sie ihre Pfoten führen.

Gardinen sind nicht nur eine häusliche Zierde, sondern auch eine beliebte Klettermöglichkeit

Das mag die Maine Coon	**Das verabscheut die Maine Coon**
✔ Regelmäßiges Futter, mit Liebe serviert.	✔ Kaltes oder heißes Futter, lieblos serviert.
✔ Ruhige, sanfte Stimmen, die mit ihr plaudern.	✔ Schreiende Kinder, knallende Türen, hektisches Herumlaufen, streitende Menschen.
✔ Schmusen und Kraulen, aber nur wenn sie Lust dazu verspürt.	✔ Ein einsames, langweiliges Leben ohne Zuwendung und Liebe.
✔ Stundenlang schlafen und träumen.	✔ Mit Macht festgehalten, um gekämmt zu werden.
✔ Toben, spielen, kämpfen mit »ihrem« Zwei- oder Vierbeiner.	✔ Unsanft von ihrem Schlafplatz verscheucht werden.
✔ Sich in der Sonne aalen, Fliegen fangen, am Fenster die Vögel beobachten.	✔ Ignoriert und ein- oder ausgesperrt werden.
✔ Eine Leckerei nach dem Kämmen.	✔ Schmutziges, verfilztes Fell mit Blut saugenden »Untermietern«.
✔ Möbel erklimmen und von oben majestätisch die »Untertanen« beobachten.	

für kleine Maine Coon-Kätzchen. Lenken Sie den Kletterkünstler ab, oder stecken Sie die Gardinen in der Anfangszeit hoch.

<u>Betteln am Tisch</u> können Sie vermeiden, indem Sie die Katze füttern, bevor Sie sich selbst zu Tisch setzen. Geben Sie ihr nie etwas direkt vom Tisch, auch Leckerbissen gehören in den Freßnapf.

<u>Stehlen von Eßbarem</u> können Sie nur verhindern, indem Sie Lebensmittel nicht offen herumstehen lassen.

Vorübergehende Unsauberkeit

Außer dem Harnspritzen des Katers können auch andere Ursachen hinter der Unsauberkeit stecken:

✔ Eine zu kleine oder wacklige, nicht sicher stehende Katzentoilette.

✔ Das Katzenklo steht am falschen Ort, an einer unruhigen Stelle oder neben dem Freßnapf.

✔ Neues, ungewohntes Katzenstreu.

✔ Das Klo ist schmutzig oder riecht nach Reinigungsmittel.

✔ Eine Konfliktsituation wie Trauer, Eifersucht, Vernachlässigung, Verlust der Rangstellung in der Katzengruppe, Streitigkeiten in der Menschenfamilie ist der Grund für Unsauberkeit der Katze.

Bevor Sie eine Diagnose in diesem Punkt stellen, müssen körperliche Ursachen durch den Tierarzt abgeklärt werden.

Seien Sie geduldig, und schenken Sie der Katze viel Liebe und Aufmerksamkeit!

Hinweis: Essig ist das beste Reinigungsmittel, um den Uringeruch – auch für die Katze – zu beseitigen.

Lernen und Beschäftigen

Viele halten Katzen für stur und ungelehrig.
Aber mit etwas Fingerspitzengefühl lassen sie
sich durchaus etwas beibringen, allerdings muß
sich die Mühe auch lohnen. Wenn ein Leckerbissen in Aussicht steht, ist Ihre Maine Coon
unter Umständen bereit, bestimmte Dinge zu
tun. Mit viel Geduld können Sie ihr sogar kleine
Kunststücke beibringen.

Kleine Kunststücke beibringen

Vielleicht möchten Sie, daß Ihr Liebling Ihnen
die Pfote gibt, auf einem Besenstiel balanciert
oder gar durch einen Reifen springt. Um dies zu
erreichen, ist es zunächst wichtig, daß Sie sich
auf ein bestimmtes Befehlswort für die jeweilige Übung festlegen. Beispielsweise »Pfote« für
Pfote geben oder »Spring« für die Reifenübung.
Erfüllt die Katze Ihren Wunsch, muß die sofortige Belohnung mit einem Leckerbissen erfolgen. Rechnen Sie
aber damit, daß Sie den
Trick eventuell bis zu
20mal während einer
Übungsstunde wie-
derholen müssen. Wenn die Katze partout nicht
mitmachen will, hat sie entweder nicht verstanden, was Sie von ihr wollen, oder sie hat gerade
keine Lust dazu. Zwingen sollten Sie sie auf keinen Fall.

Kommen auf Kommando

Daß eine Katze kommt, wenn man ihren Namen
ruft, ist keine Seltenheit.
Dazu muß sie zunächst bei jeder Mahlzeit und
bei jeder Beschäftigung an ihren Namen gewöhnt werden. Hat sie begriffen, daß sie der
Träger des Namens ist, wird das Wort »Komm«
angefügt. Man ruft die Katze »Mimi, komm!«
und serviert das Futter. Später wird sie auch zu
anderen Tageszeiten gerufen und bei richtiger
Reaktion immer mit einem Leckerbissen belohnt.
Müssen Sie Ihre Maine Coon einmal zu etwas
weniger Angenehmem herbeirufen, zum Beispiel, um ihr ein Medikament einzugeben, dann
sollten Sie das Herbeikommen immer zuerst belohnen, bevor Sie das durchführen, wozu Sie sie
gerufen haben. Kommt ein Kätzchen nicht herbei, wird dies ignoriert, vielleicht ist es mit etwas Interessantem beschäftigt. Auf keinen Fall
schelten oder strafen!

Federn sind eine beliebte Ersatzbeute.
Achten Sie aber darauf, daß die Katze
sie nicht schluckt.

An der Leine gehen

Frische Luft tut auch Katzen gut, und wer seiner Maine Coon keinen gesicherten Garten oder Balkon bieten kann, kann sie dafür an ein Katzengeschirr gewöhnen und mit ihr spazierengehen. Legen Sie Ihrer Katze unter gutem Zureden das Brustgeschirr an, zunächst noch ohne Leine. Stören Sie sich nicht daran, daß sie jetzt dicht am Boden läuft, als ob das Geschirr eine tonnenschwere Last wäre. Nehmen Sie das Geschirr nach einer kurzen Zeit wieder ab und belohnen Sie sie. Wiederholen Sie diese Übung ein paar Tage lang, bevor Sie dann auch die Leine befestigen, an der Sie Ihren Vierbeiner zunächst noch durch die Wohnung führen. Bald hat sich die Maine Coon an die Leine gewöhnt, und einem Spaziergang steht nichts mehr im Weg.

Keine seltene Freundschaft. Hoffentlich ist das Kätzchen nicht kitzelig.

Autofahren muß sein

Auch eine Katze muß ab und zu im Auto mitfahren, sei es auch nur, um zum Tierarzt zu gelangen. Oft ist dies gar kein Problem, und die Katze liegt während der Fahrt ruhig in ihrer Transportbox. Es gibt aber auch Maine Coon, die während der ganzen Autofahrt schreien, sich erbrechen oder gar Kot und Urin absetzen. Ab und zu sollte eine Katze deshalb an einer kurzen Autofahrt teilnehmen, um daran gewöhnt zu sein, sei es zum Kurzeinkauf oder um die Kinder in die Schule zu fahren. Bald wird sie merken, daß es nicht nur zum Tierarzt geht, wenn sie im Auto mitfahren muß.

Katzenspiel ersetzt den Beutefang

Maine Coon sind ausgezeichnete Jäger und Hochspringer. Haben sie keine Möglichkeit zum Freiauslauf, kann ihr Jagdtrieb aber auch im Katzenspiel befriedigt werden. Vor allem eine einzeln gehaltene Maine Coon, die keine zweite Katze zur Gesellschaft hat, will täglich ausgiebig beschäftigt werden. Dabei brauchen Sie sich nicht immer etwas Neues einfallen lassen, Katzen lieben alte Rituale.

Hinweis: Diese Dinge sind nicht zum Spielen geeignet: Schaumgummibälle, Styropor oder Kugeln aus Alufolie. Die abgekauten Teile können verschluckt werden und Vergiftungen oder andere gesundheitliche Probleme verursachen.

»Beute« an Schnur befestigen, und schon kann das Jagdspiel beginnen.

Das Flummi-Spiel

Einen kleinen Hartgummiball schräg auf den Boden werfen, damit er an der Wand abprallt und wieder zurückkommt. Ab und zu muß die Katze ihn fangen können, sonst verliert sie bald die Lust an diesem Spiel. Mit etwas Geschick können sie ihr sogar beibringen, den Ball zu Ihnen zurückzubringen.

Das Feder-Spiel

Eine Feder an ein breites Band oder an eine dickere Schnur binden. Setzen Sie sich aufs Sofa und werfen Sie die Feder über die Rückenlehne. Das andere Ende vom Band behalten Sie in der Hand. Jetzt ziehen Sie langsam das »Vögelchen« zu sich über die Lehne.

Dieses beliebte Beutespielzeug sollten Sie nach dem Spielen wieder wegräumen, die Katze könnte sich im Strick verheddern.

Das Tonnen-Spiel

Leere Waschmitteltonnen, die es mit Sisal umwickelt auch im Zoofachhandel zu kaufen gibt, sind bei Katzen äußerst beliebt. Sie bieten Kätzchens

Eine Sisaltonne bietet Versteck-, Kratz- und Klettermöglichkeiten.

Das Kartonhaus

Aus einem größeren Karton Fenster und Türen herausschneiden, durch die die Katze durchpaßt. Solch ein »Haus« dient der Katze als Höhlenversteck, die Löcher animieren sie zum Durchschlüpfen und zum Angeln nach Spielzeug und Spielkameraden.

Das Pfoten-Angel-Spiel

In einen kleinen Karton ohne Deckel ein paar Löcher in die Wände und den Boden schneiden. Den Karton mit der Öffnung nach unten auf den Boden stellen. Er sieht nun aus wie ein Schweizer Käse. Werfen Sie einen Ball oder eine Stoffmaus hinein. Ihr Vierbeiner wird danach angeln und für längere Zeit beschäftigt sein.

Stundenlang können sich Katzen mit dem Löcherhaus beschäftigen.

Spiellaune nahezu unbegrenzte Möglichkeiten: Man kann hineinkriechen, darin herumtollen, darauf balancieren und klettern und sogar noch die Krallen daran wetzen.

Die Katzenrassel

Das Innenleben von Überraschungseiern kann leicht in ein interessantes Katzenspielzeug umgewandelt werden. Ein paar Erbsen, Bohnen oder Reiskörner in das Plastikei, versiegelt mit Klebeband, und fertig ist die Katzenrassel. Solche Rasseln kann man auch aus leeren Filmdöschen machen.

Das Badewannen-Spiel

Ein paar große Holzperlen oder Walnüsse in der leeren Badewanne hin und her rollen lassen. Gleich springt die Katze hinein und kann sich ausgiebig mit dieser »Beute« vergnügen, da sie nicht entwischen kann und zusätzlich noch schön klappert.

Die Katzenangel

Müde Zweibeiner können sich »Katzenangeln« im Zoofachgeschäft besorgen. An einer Stange ist eine Schnur befestigt, an der ein Ball oder ein anderes Spielzeug hängt. Durch langsames hin- und her-, auf- und abbewegen können Sie Ihre Maine Coon zu akrobatischen Sprüngen und zum Fangen animieren, ohne selbst vom Sofa aufstehen zu müssen.

Sich ganz lang machen oder aus dem Stand hochspringen – für Katzen kein Problem.

GESUNDHEITSVORSORGE UND KRANKHEITEN

Auch ein Naturbursche wie die Maine Coon ist trotz der robusten und zähen Konstitution nicht gegen Krankheiten gefeit. Darum ist eine regelmäßige Gesundheitsvorsorge mit sämtlichen Schutzimpfungen unerläßlich.

Die tägliche Gesundheitsvorsorge fängt mit einer wohlüberlegten, ausgewogenen Ernährung an. Sie ist die Grundlage für die Vermeidung vieler Krankheiten. Hygienevorkehrungen wie gründliches Reinigen des Katzenklos, der Näpfe und der Schlafplätze mindern das Infektionsrisiko ebenfalls erheblich.
Eine jährliche Untersuchung beim Tierarzt mit Wiederholungsimpfungen rundet die Gesundheitsvorsorge ab.

Entwurmen

Eine Wohnungskatze braucht nicht so oft entwurmt zu werden wie eine Katze mit Freilauf. Die erste Wurmbehandlung bekommen die Welpen mit vier Wochen und vor jeder Impfung. Erwachsene Katzen werden zweimal im Jahr entwurmt, Zuchtkatzen und Maine Coon mit Freilauf viermal im Jahr.
Sie können aber auch alle sechs Monate eine Kotprobe beim Tierarzt untersuchen lassen und nur bei tatsächlichem Befall entwurmen.

Gesunde Maine-Coon-Babys haben klare Augen, einen neugierigen Blick und saubere Nasen (Red Classic Tabby und Black Classic Torbie).

Parasiten

Äußerliche Parasiten (Ektoparasiten) siedeln sich im Fell und auf der Haut der Katze an.
✔ Flöhe sind an ihrem Kot, der als kleine schwarze Punkte sichtbar wird, zu erkennen. Kämmen Sie im Zweifelsfall die Katze über einem weißen Laken oder in der Badewanne. Sehen Sie dort anschließend schwarze Pünktchen, hat die Katze wahrscheinlich Flöhe.
Es gibt verschiedene Mittel gegen Flöhe. Lassen Sie sich von Ihrem Tierarzt beraten.
✔ Ohrmilben befallen das innere Ohr der Katze. Sie sind an dem dunklen, krümeligen Belag in der Ohrmuschel zu erkennen. Die Katze schüttelt häufig den Kopf und kratzt sich öfter am Ohr. Gegen Ohrmilben verschreibt der Tierarzt eine Ohrensalbe.
Innerliche Parasiten: Die häufigsten sogenannten Endoparasiten sind Spul- und Bandwürmer und können vom Tierarzt sicher und für die Katze gefahrlos bekämpft werden.

Virusinfektionen

Gegen Viren wirken keine Antibiotika. Der Arzt kann nur die Begleiterscheinungen behandeln und die körpereigene Abwehr stärken. Die beste Behandlung ist daher Vorbeugen durch Impfen.

Die folgenden Viruserkrankungen können für die Katze tödlich verlaufen, sind aber nicht auf den Menschen übertragbar.

<u>Katzenschnupfen:</u> Symptome sind verklebte Augen, eitriger Nasenausfluß, Apathie, Futterverweigerung, Mundhöhlen- und Rachenentzündung.

<u>Katzenseuche (Panleukopenie):</u> Symptome sind wäßriger Durchfall, Erbrechen, Fieber, Appetitlosigkeit.

<u>Katzenleukose (FeLV):</u> Symptome sind Abmagerung, Apathie, geschwollene Lymphknoten. Diese gefürchtete Krankheit muß heute nicht mehr vorkommen. Achten Sie darauf, daß Ihre Maine Coon aus einem Leukose-getesteten Bestand kommt, und impfen Sie Ihr Tier regelmäßig.

<u>Feline Infektiöse Peritonitis (FIP):</u> Diese in der Regel tödlich endende Krankheit wird durch die Infizierung mit einer Art des Corona-Virus ausgelöst. Es gibt zwei Formen, die Trockene und die Nasse FIP. Eine Früherkennung ist schwierig, da der Titerwert (die Anzahl der Antikörper gegen Corona-Viren im Blut) noch keinen zuverlässigen Aufschluß darüber gibt, ob FIP vorliegt oder nicht. Symptome sind Appetitlosigkeit, Apathie, Abmagerung mit durch Flüssigkeit angeschwollenem Bauch.

<u>FIV-Infektion (Katzen-Aids):</u> Die FIV-Infektion der Katze hat mit der HIV-Infektion des Menschen nichts zu tun und kann auch nicht auf den Menschen übertragen werden. Der Erreger schwächt das Immunsystem der Katze derart, daß verschiedene Folgeerkrankungen zum Tod führen. Es gibt keine Impfung.

<u>Pseudowut (Aujeszkysche Krankheit):</u> Wird durch rohes Schweinefleisch übertragen. Eine Impfung ist nicht möglich. Symptome sind scheues Verhalten, Krämpfe, Erbrechen, Lähmungen.

<u>Felines Herpes-Virus:</u> Symptome sind Schnupfen, Augenentzündungen, Entzündungen von Mundhöhle und Zahnfleisch. Ein mit Herpes infiziertes Tier bleibt mit 40 %iger Wahrscheinlichkeit lebenslang Träger dieser Krankheit.

Apathischer Blick und hängende Ohren zeigen, daß die Maine Coon sich nicht wohl fühlt.

Bakterielle Infektionen

Werden bakterielle Infektionen rechtzeitig behandelt, bestehen gute Heilungschancen. Die verbreitetsten Erreger sind:

Chlamydia: Auffällig bei diesem Erreger ist, daß er stark tränende Augen mit Nickhautvorfall und Schnupfensymptome hervorruft.

Coliforme Bakterien: Sie können an verschiedenen Organsystemen lokalisiert sein, zum Beispiel im Magen-Darm-Trakt oder im Nasen-Rachen-Raum. Symptome sind schlechtes Allgemeinbefinden, Brechdurchfall, eitriger Schnupfen.

Streptokokken: Diese Erreger kommen bei folgenden Erkrankungen in Frage: bei eitriger Entzündung der Kopfschleimhäute, eitrigem Schnupfen mit Fieber, entzündeten Mandeln und geschwollenen Lymphknoten. Auch eine Ohrenentzündung kann auf einen Streptokokkeninfekt zurückzuführen sein.

Mikrosporie: Eine Hautpilzerkrankung, die sich durch Hautverdickung, Juckreiz, runde haarlose Stellen äußert. Oft herrscht bei solch einer Diagnose Panikstimmung. Diese Krankheit ist aber kein Todesurteil. Sie ist zwar sehr langwierig, aber durch intensive Behandlung in den Griff zu bekommen.

Auf den Menschen übertragbare Krankheiten

Bei normalen hygienischen Bedingungen, regelmäßigen Tierarztbesuchen und Impfungen ist die Übertragung dieser Krankheiten auf den Menschen nicht sehr wahrscheinlich.

Tollwut: Regelmäßige Schutzimpfungen bei Katzen, die ins Freie dürfen oder auf Ausstellungen gehen, ist Pflicht.

Mikrosporie: Diese Hautpilzerkrankung äußert sich beim Mensch durch rote, juckende Stellen auf der Haut und ist auch von Mensch zu Mensch übertragbar.

Impfplan

Lebensalter	Impfung
8 Wochen	Katzenseuche Katzenschnupfen
9 Wochen	Leukose (vor der 1. Impfung Leukose-Test machen lassen)
12 Wochen	Katzenseuche Katzenschnupfen Tollwut
13 Wochen	Leukose
16 Wochen	FIP
19 Wochen	FIP

Jährliche Wiederholungsimpfungen sind erforderlich.

Toxoplasmose: Diese Erkrankung verläuft bei der Katze meist unerkannt. Menschen, die häufig Kontakt mit Tieren haben oder gern rohes Hackfleisch essen, haben meist schon unbemerkt eine Toxoplasmose überstanden und damit Antikörper gegen die Krankheit gebildet. Schwangere, die mit Katzen zusammenleben, sollten schon in der Frühschwangerschaft eine Antikörperbestimmung vornehmen lassen. Falls keine Immunität besteht, sollte ab jetzt jemand anderes die Reinigung des Katzenklos übernehmen. Eine Infizierung ist möglich über Katzenkot und den Genuß von rohem Fleisch.

Hilfe bei leichten Erkrankungen

Bei leichten Erkrankungen können Sie Ihrer Maine Coon oft selbst helfen. Bestehen die Symptome jedoch länger als zwei Tage, sollten Sie auf jeden Fall zum Tierarzt gehen.

Durchfall: Die erste Maßnahme ist Futterentzug. Stellen Sie der Katze nur frisches Wasser zur Verfügung. Ist ihr Allgemeinzustand normal, bieten Sie ihr folgende Diätnahrung an: gekochtes Hammelfleisch (ersatzweise Hühnerklein) mit gedünsteten Karotten und Reis. Diese Diät verabreichen Sie zwei Tage lang. Hat sich der Durchfall nicht gebessert, müssen Sie sofort zum Tierarzt. Es besteht Austrocknungsgefahr des Tieres.

Verstopfung: Geben Sie Ihrer Katze zunächst ein wenig Sahne. Bringt dies keine Abhilfe, hilft vielleicht Paraffinöl (1 ml mit einer Spritze ohne Nadel geben). Tritt nach ein bis zwei Tagen keine Besserung ein, sollten Sie zum Tierarzt gehen.

Neugierig stapft der Kater durch den ersten Schnee (Black Classic Tabby).

Erbrechen: Gelegentliches Erbrechen, etwa um einen Haarballen (→ Seite 33) loszuwerden, ist normal. Erbricht die Katze mehrmals am Tag, können Sie ihr zunächst Nux vomica-Tropfen geben. Hält der Zustand länger als einen Tag an, sollten Sie den Tierarzt aufsuchen.

Bindehautentzündung: Das Auge ist gerötet und wird nicht ganz geöffnet. Bestehen keine weiteren Symptome, können Sie der Katze drei- bis viermal am Tag die Augen mit Euphrasia (Apotheke) auswaschen. Tritt nach zwei Tagen keine Besserung ein, zum Tierarzt gehen.

Nachwuchs unerwünscht

<u>Kastration:</u> Wenn Sie sicher sind, daß Sie von Ihrer Maine Coon keinen Nachwuchs haben wollen, sollten Sie sich und Ihrer Katze die unerfreulichen Begleiterscheinungen eines »verdrängten Sexuallebens« ersparen und sich für die Kastration entscheiden. Dabei werden beim Kater die Hoden entfernt, bei der Katze die Eierstöcke. Für eine Katze ist sogar eine Totaloperation zu erwägen, da es dann nicht mehr zu Gebärmuttervereiterungen kommen kann.

<u>Der richtige Zeitpunkt:</u> Über den geeigneten Termin einer Kastration beraten Sie sich am besten mit Ihrem Tierarzt. Laut neuester Forschungsergebnisse können Katze und Kater bereits mit fünf Monaten kastriert werden, ohne daß dies ihrer Entwicklung schadet.

Hinweis: Mindestens 12 Stunden vor und nach der Operation darf die Katze nur Wasser trinken und nichts fressen.

<u>Nach der Operation:</u> Schon wenige Stunden nach dem Eingriff können Sie die Katze wieder mit nach Hause nehmen. Legen Sie sie in einem ruhigen, warmen, abgedunkelten Zimmer auf eine Decke am Boden und stellen Sie ihr Wasser und ein Katzenklo bereit. Schauen Sie ab und zu nach ihr, und lassen Sie sie erst wieder zu den anderen Hausgenossen, wenn sie die Narkose vollkommen ausgeschlafen hat.

<u>Die Sterilisation,</u> bei der nur die Eileiter der Katze bzw. die Samenstränge des Katers durchtrennt werden, macht die Tiere zwar unfruchtbar, der Geschlechtstrieb mit seinen unangenehmen Begleiterscheinungen bleibt aber erhalten. Die Kätzinnen werden immer wieder rollig, und die Kater markieren weiterhin.

<u>Die Pille</u> ist nur für Zuchtkatzen, die zwischendurch nicht rollig werden sollen, eine Notlösung. Auf Dauer und ohne Unterbrechung gegeben, kann sie der Gesundheit schaden.

Checkliste
Tierarztbesuch

Um dem Tierarzt die Diagnose zu erleichtern, schreiben Sie alle erkennbaren Krankheitssymptome der Katze auf und nehmen Sie den Impfpaß mit.

1 Haben sich Freß- und Trinkgewohnheiten verändert?

2 Hat die Katze erbrochen, Durchfall, Verstopfung? (wenn möglich Kotprobe mitbringen)

3 Ist die Katze sichtlich abgemagert?

4 Hustet sie, und wenn ja, wie äußert sich das?

5 Kratzt sie sich öfter am Ohr und schüttelt den Kopf?

6 Hat sie Fieber? (→ Fiebermessen, Seite 59)

7 Hatte sie einen Unfall, einen Sturz oder wurde sie eingeklemmt?

8 Gibt es sonstige Verhaltensänderungen, auch wenn sie schon länger zurückliegen?

Medizin verabreichen

Tabletten: Das Gesicht der Katze sollte von Ihnen abgewandt sein. Nehmen Sie die Tablette zwischen Daumen und Zeigefinger. Mit der anderen Hand umfassen Sie von hinten den Kopf der Katze, und zwar hinter den Zähnen. Durch leichten Druck öffnet sie das Maul, so daß Sie die Tablette weit nach hinten auf die Zunge legen können. Das Maul der Katze schließen und die Kehle leicht massieren, bis die Tablette geschluckt ist.

Flüssige Medikamente werden mit einer Einwegspritze ohne Nadel eingegeben.

Den Kopf der Katze leicht anheben und die Spritze hinter dem Eckzahn einführen und entleeren. Gehen Sie langsam vor, sonst verschluckt sich die Katze. Lassen sich Tabletten gut auflösen, können sie auch mit der Einwegspritze verabreicht werden.

Mit einer Hand das Mäulchen der Katze öffnen, mit der anderen die Tablette weit nach hinten auf die Zunge legen.

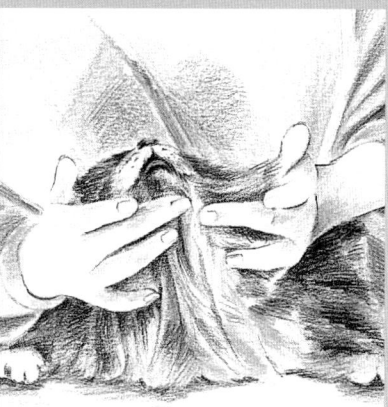

Damit die Tablette geschluckt wird, den Kopf der Katze etwas anheben und leicht die Kehle massieren.

Früher oder später werden Sie Ihre Maine Coon einmal medizinisch versorgen müssen. Auf dieser Seite finden Sie die wichtigsten Erste-Hilfe-Maßnahmen, die Sie leicht durchführen können.

Hilfe bei Insektenstichen

Bei Stichen in die Pfote zuerst den Stachel entfernen und anschließend die betroffene Stelle zur Schmerzlinderung mit Eiswürfel (in Plastiktüte) kühlen.

Gefährlich ist ein Stich in die Maulhöhle. Schon auf dem Weg zum Tierarzt kann die Katze Erstickungsanfälle bekommen, weil die Atemwege anschwellen. Es besteht Lebensgefahr. Erste-Hilfe-Maßnahme: Das biegsame Ende eines Strohhalms vorsichtig in den Rachen in Richtung Luftröhre schieben, um die Sauerstoffzufuhr zu gewährleisten. Sind Sie unsicher oder ist die Katze für diese Maßnahme zu unruhig, wickeln Sie sie fest in eine Decke und lagern den Kopf hoch. Sofort zum Tierarzt!

Was tun bei Vergiftungen?

Vergiftungssymptome sind Atembeschwerden, Bewegungsstörungen, Erbrechen, Krämpfe, Kreislaufversagen, Lähmungserscheinungen, starkes Speicheln.

Fiebermessen

Zu zweit geht dies am einfachsten:
Eine Person hält die Katze auf dem
Schoß im Brustbereich fest. Die andere führt das mit Vaseline einge-
fettete Thermometer etwa 1,5 cm
vorsichtig in den After ein. Zum
Fiebermessen eignet sich am besten
ein Digitalthermometer. Es ist präzi-
se und schnell in der Meßdauer.
Die Normaltemperatur einer gesun-
den Katze beträgt 38,5 bis 39 °C.
Auch bei Untertemperatur sollten
Sie einen Tierarzt aufsuchen.

*Einer hält die Katze fest, der andere führt vorsichtig das
Thermometer ein.*

Eine Behandlung ist nur durch
den Tierarzt möglich! Notieren
Sie sich falls möglich das Gift,
das Ihre Katze verschluckt hat.

*Das untere Augenlid nach unten
ziehen und einen Salbenstrang
ins Lidinnere geben.*

Augensalben geben

Dies funktioniert am besten,
wenn Sie die Katze auf den
Tisch setzen, sie mit der einen
Hand von hinten im Nacken-
fell festhalten und dabei mit
dem Daumen das untere Lid
leicht nach unten ziehen. Mit
der freien Hand können Sie
jetzt die Augensalbe verabreichen. Den Augapfel nicht mit
der Spitze der Tube berühren.

Ohrensalben geben

Die Ohrmuschel der Katze
leicht nach hinten ziehen,
die Tubenspitze so weit in die
Muschel einbringen, wie sie
noch sichtbar ist. Nachdem
Sie die Salbe verabreicht haben, das Ohr am Ansatz massieren, damit sie sich verteilen kann.

Unfallhilfe und Transport

Ist die Katze verletzt, müssen
Sie schnell handeln. Legen Sie
sie vorsichtig auf eine Unterlage (Decke, Handtuch) auf
die rechte Seite (wenn sie

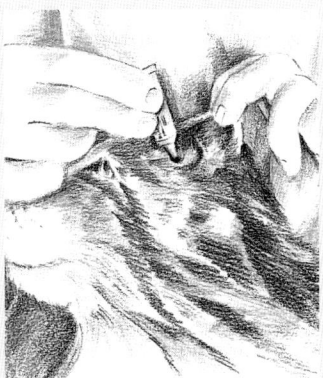

*Salbe in die Ohrmuschel geben,
danach das Ohr am Ansatz
leicht massieren.*

dort keine Verletzung hat).
Die Unterlage wärmend über
sie schlagen und die Katze
schnellstmöglich zum Tierarzt
transportieren. Der Körper
sollte leicht erhöht, der Kopf
etwas nach unten liegen, damit Erbrochenes und Blut ab-
fließen kann.

Die halbfett gesetzten Seitenzahlen verweisen auf Farbfotos und Zeichnungen.

Das Classic-Baby übt den Balanceakt auf zwei Beinen.

Adressen, die weiterhelfen

• Fédération Internationale Féline (FIFe),
17 Rue du Verger,
L - 2665 Luxemburg,
www.fifeweb.org (engl.)
• Deutscher Edelkatzen-züchterverband
(1. DEKZV e.V.), Berliner Str. 13, D-35614 Asslar,
www.dekzv.de
• Deutsche Edelkatze e.V., Geisbergstr. 2, D-45139 Essen,
www.deutsche-edelkatze.de
• Deutsche Rassekatzen-Union e. V. (DRU),
Hauptstraße 56,
D-56814 Landkern,
www.dru.de
• Katzenverein Leverkusen (KVL),
Rudi Marquardt,
Im Wolfshagen 19d,
D-42929 Wermelskirchen, www.kvlev.de
• Österreichischer Verband für die Zucht und Haltung von Edelkatzen (ÖVEK), Liechtenstein-str. 126, A-1090 Wien,
www.oevek.org
• Fédération Féline Helvetique (FFH), Alfred Wittich (Präsident),
Büntacher 22, CH-5626 Hermetschwil, www.ffh.ch
(Anschriften von Katzenclubs und -vereinen können Sie bei den vorgenannten Verbänden erfragen.)

Fragen zur Katzenhaltung beantworten auch

Ihr Zoofachhändler und der Zentralverband Zoologischer Fachbetriebe Deutschland e. V.,
Tel. 0 61 03/91 07 32
(nur telefonische Auskunft möglich: Mo 12-16 Uhr, Do 8-12 Uhr),
www.zzf.de

Krankenversicherung

• Uelzener Versicherungen, Postfach 2163, D-29511 Uelzen,
www.uelzener.de
• AGILA Haustierkrankenversicherungs AG,
Breitestr. 6–8,
D-30159 Hannover,
www.agila.de

Registrierung von Katzen

TASSO-Haustierzentralregister e.V.,
Frankfurter Str. 20,
D-65795 Hattersheim,
www.tiernotruf.org,
tasso@tiernotruf.org
Wer seine Katze vor Tierfängern und dem Tod im Versuchslabor schützen will, kann sie hier registrieren lassen. Die Eintragung sowie die computergesteuerte Suche bei Vermißtenmeldung sind kostenlos.

Bücher

(falls nicht im Buchhandel, dann in Bibliotheken erhältlich)
• Behrend, Katrin: Katzen. Gräfe und Unzer Verlag, München.

• Brunner, Ferdinand: Die unverstandene Katze. Neumann-Neudamm, Melsungen.
• Hofmann, Helga: Katzensprache. Gräfe und Unzer Verlag, München.
• Leyhausen, Paul: Katzen – Eine Verhaltenskunde. Parey Verlag, Stuttgart.
• Thies, D.: Rassekatzen züchten. Kosmos Verlag, Stuttgart.
• Wright, M./Walters, S.: Die Katze. Mosaik Verlag, München.

Zeitschriften

• die edelkatze. Illustrierte Fachzeitschrift für Katzenfreunde, Verbandszeitschrift des 1. DEKZV (→ Adressen)
• katzen. Hrsg. DRU (→ Adressen)
• Katzen extra. Symposion Verlag, Saarbrücken.

Die Autorin

Elke Carson entdeckte ihre Liebe zu den Maine Coon während ihres fünfjährigen USA-Aufenthalts. Heute bemüht sich die unter dem Namen »Abnaki's« bekannte Hobbyzüchterin, die Ursprünglichkeit dieser Rasse zu erhalten.

Die Fotografin

Monika Wegler ist Berufsfotografin und Tierbuch-Autorin. Schwerpunkte ihrer Arbeit sind Porträts von Katzen, Hunden, Kaninchen und Wellensittichen.

Dank

Fotografin und Verlag danken folgenden Züchtern, deren Katzen auf den genannten Seiten abgebildet sind (U heißt Umschlagseite): Elke Carson, Königsbergerstr. 6, D-36129 Gersfeld (Seite 4/5, 6/7, 13 o.l., u.r., 16, 20, 28, 32 o., 44 u.r., 56).
Susanne und Claus Christiansen, Pileveji 15, DK-4773 Stensbey (Seite U1, U4, 8, 12, 13 u.l., 33, 45 o.r., m., u.l., 49).
Evi Großhauser, Steinstr. 1+3, D-86744 Hainsfarth (Seite 1/2).
Frau Sänger, Kilanstr. 45, D-85072 Eichstädt (Seite 13 o.r.).
Jutta Veit, Frühlingstr. 11a, D-87730 Groenenbach (Seite 24, 25, 37, 40, 45 o.l., 52).
Alexandra Zillner, St. Veit-Str. 68, D-81673 München (Seite U1 (kleines Foto), 13 m.l., 17, 21, 29, 32 u., 36, 41, 44 o., u.l., 45 u.r., 48, 53, 61, 64, 65).
Petra Wagner, Waller 1b, D-91236 Alfeld (Seite 44 m., 57).

Der Zeichner

Robert Fischer, Diplom-Grafikdesigner, lebt und arbeitet in München. Sein zeichnerisches Repertoire reicht von detaillierten Naturstudien über Märchenillustrationen bis zu Computer-Collagen.

Wichtige Hinweise

Lassen Sie bei Ihrer Katze unbedingt alle notwendigen Schutzimpfungen und Entwurmungen (→ Seite 53 und 55) ausführen, da sonst eine erhebliche gesundheitliche Gefährdung von Mensch und Tier möglich ist.
Einige Krankheiten und Parasiten sind auf den Menschen übertragbar (→ Seite 55). Deshalb sollten Sie einen Tierarzt zu Rate ziehen, wenn sich bei Ihrer Katze Krankheitsanzeichen zeigen. Gehen Sie im Zweifelsfall selbst zum Arzt.
Es gibt Menschen, die allergisch auf Katzenhaare reagieren. Wenn Sie nicht sicher sind, fragen Sie vor der Anschaffung Ihren Arzt.
Beim Umgang mit Ihrer Katze können Sie durch Kratzer und Bisse verletzt werden. Lassen Sie solche Verletzungen sofort vom Arzt versorgen. Ihre Katze kann Schäden an fremdem Eigentum anrichten oder gar Unfälle verursachen.
Ein ausreichender Versicherungsschutz liegt also im Eigeninteresse, auf jeden Fall sollten Sie haftpflichtversichert sein.

An unsere Leserinnen und Leser

Wir freuen uns, Ihre Meinung zu diesem TierRatgeber zu erfahren. Bitte schreiben Sie uns, wenn Sie Berichtigungen und Ergänzungsvorschläge haben oder wenn Ihnen etwas besonders gut gefällt.

GRÄFE UND UNZER VERLAG
Redaktion
Haus & Garten
Stichwort:
TierRatgeber
Postfach 86 03 66
D-81630 München
Fax: 089/41981-1 13
E-Mail:
leserservice@
graefe-und-unzer.de

Fotos: Buchumschlag und Innenteil

Umschlagvorderseite: Black Mackerel Tabby, Kätzin (großes Foto), 8 Wochen alte Jungtiere (kleines Foto). Umschlagrückseite: Creme Tabby, Kater. Seite 1: Black Classic Tabby mit Weiß, Kätzin. Seite 3: Black Classic Tabby, Kater.

Seite 4/5: Maine Coon-Kätzchen, 10 Wochen. Seite 6/7: Junger Kater in Spiellaune. Seite 64/65: Maine Coon-Kätzchen, 8 Wochen.

Impressum

© 1998 GRÄFE UND UNZER VERLAG GmbH, München. Unveränderte Nachauflage der 1. Auflage. Alle Rechte vorbehalten. Nachdruck, auch auszugsweise, sowie Verbreitung durch Bild, Funk und Fernsehen, durch fotomechanische Wiedergabe, Tonträger und Datenverarbeitungssysteme jeder Art nur mit schriftlicher Genehmigung des Verlages.
Redaktion: Anita Zellner
Lektorat: M. Baumann
Layout: Heinz Kraxenberger
Zeichnungen: Robert Fischer
Herstellung: Heide Blut/ Gabie Ismaier
Satz: Heide Blut
Reproduktion: Fotolito Longo
Druck und Bindung: Kaufmann, Lahr
ISBN
(10)   3-7742-3145-1
(13) 978-3-7742-3145-0
Auflage 9. 8.
Jahr   2007 06

GRÄFE UND UNZER

Ein Unternehmen der
GANSKE VERLAGSGRUPPE

Die Expertin gibt Antwort auf die 10 häufigsten Fragen zur Maine Coon-Haltung.

1 Woher bekomme ich eine Maine Coon?

2 Brauche ich zur Haltung einer Katze eine Genehmigung vom Vermieter?

3 Sind Kater anhänglicher als Katzen?

4 Wie teuer ist eine Maine Coon?

5 Worauf sollte ich beim Kauf achten?

6 Wird meine Maine Coon auch 10 kg wiegen, wenn sie ausgewachsen ist?

7 Ich bin berufstätig. Soll ich eine oder gleich zwei Maine Coon anschaffen?

8 Ist die Haltung einer Maine Coon nur im Haus artgerecht?

9 Ist das Fell dieser Rasse sehr pflegeintensiv?

10 Ist eine billige Maine Coon nicht genauso gut wie eine teure?